ÉTUDES
SUR
L'ESPAGNE

PAR
A. MOREL-FATIO

PREMIÈRE SÉRIE

Comment la France a connu et compris l'Espagne depuis
le moyen âge jusqu'à nos jours. — *La Célestine*. — *Vie de
Lazarille de Tormes*. — Calderón. — *L'Histoire de don
Quichotte* selon Pellicer.

PARIS
LIBRAIRIE ÉDITEUR
[illegible]
67, Rue de Richelieu, 67
1888

ÉTUDES SUR L'ESPAGNE

CHARTRES. — IMPRIMERIE DURAND, RUE FULBERT.

ÉTUDES
SUR
L'ESPAGNE

PAR

A. MOREL-FATIO

PREMIÈRE SÉRIE

I. Comment la France a connu et compris l'Espagne depuis le moyen âge jusqu'à nos jours.
II. Recherches sur Lazarille de Tórmes.
III. L'histoire dans Ruy-Blas.

PARIS
F. VIEWEG, LIBRAIRE-ÉDITEUR
E. BOUILLON et E. VIEWEG, Successeurs
67, Rue de Richelieu, 67
1888

A

José-Maria de Heredia

AVANT-PROPOS

Il semble qu'on se soit en France, depuis assez longtemps, désintéressé de l'Espagne et particulièrement de ses livres. Le public friand de littérature étrangère s'est tourné d'un autre côté ; il regarde maintenant vers le nord, même vers l'extrême nord.

Ce n'est pas seulement une question de mode. Diverses circonstances ont déplacé le centre de l'activité intellectuelle au profit de nations, qui, il y a deux siècles, comptaient à peine et nous approvisionnent aujourd'hui largement de leurs idées et de leurs œuvres littéraires. L'Angleterre, l'Allemagne, sans doute aussi la Russie, ont pris la place de cette Italie et de cette Espagne, que nous interrogions jadis avec tant de curiosité et où nous cherchions si souvent des modèles.

Chaque grand pays a, tôt ou tard, sa période de splendeur. Celle de l'Espagne a immédiatement précédé la nôtre et l'a en une certaine mesure préparée ; car on ne contestera pas que les Espagnols n'aient été pour quelque chose dans le majestueux épanouissement du siècle de Louis XIV. Nulle littérature moderne ne nous touche de plus près que la littérature espagnole, et, si nous lui avons beaucoup donné, elle nous a beaucoup rendu. Au XVIIe siècle, en nous envoyant son *Cid,* l'Espagne s'est en grande partie acquittée de la dette qu'elle avait contractée, pendant le moyen âge, envers nos auteurs de chansons de gestes, de fabliaux et de poèmes moraux.

Il n'est pas inutile de se souvenir parfois de ces relations et de ces échanges, et peut-être conviendrait-il de ramener, plus souvent qu'on ne le fait, l'attention de notre public lettré sur les institutions politiques et sociales, les arts, la littérature et les mœurs d'un pays si voisin et que, cependant, nous ne connaissons guère.

Aussi avons-nous formé le projet de raviver autant que possible le goût des choses de l'Espagne, en les expliquant de notre mieux.

A défaut d'un gros livre, qui paraîtra en son temps, sur la société espagnole au xvi⁰ et au xvii⁰ siècle, voici d'abord, et comme pour le préparer, plusieurs dissertations qui s'adressent à la fois aux Français et aux Espagnols soucieux de leurs gloires littéraires.

La première série de ces *Études sur l'Espagne* débute par un résumé de quelques leçons publiques où l'on s'est appliqué à faire voir comment la France a connu et interprété l'Espagne depuis le moyen âge jusqu'à nos jours. Cet aperçu sur un côté des relations intellectuelles entre les deux nations n'épuise pas la matière, tant s'en faut ; il resterait encore beaucoup à dire et à compléter plusieurs chapitres de cette longue histoire. Nous pensons, néanmoins, ne rien avoir omis de très essentiel.

De tous les romans picaresques espagnols, *Lazarille de Tórmes* est celui qui, de tout temps, a été le plus prisé chez nous, aussi bien pour ses qualités de style que pour ses *mœurs* ou, si l'on veut, sa couleur locale. De bonne heure, l'on s'est persuadé en France que ce petit livre représentait fidèlement les types les plus répandus de la société espagnole du xvi⁰ siècle, et l'on ne s'est pas trompé. Mais, quoi qu'on ait fait pour l'éclaircir, l'origine de ce roman reste obscure et soulève diverses questions curieuses que personne encore n'a su résoudre. Sans nous flatter d'avoir été plus heureux que d'autres, au moins croyons-nous avoir dissipé quelques erreurs et défini avec plus d'exactitude que nos devanciers les points principaux du problème.

Le dernier article de ce volume est consacré à *Ruy Blas*. Divers écrivains ont déjà traité de ce drame et en ont discuté, avec plus ou moins de compétence, la valeur historique, en tant que tableau de la cour et du gouvernement de Charles II d'Espagne. Les uns ont trop loué, les autres trop dénigré. Chacun y a mis de la passion et du parti pris. Il nous a semblé que l'heure était enfin venue d'émettre un avis impartial, fondé sur une étude sérieuse de l'histoire et particulièrement des livres où Victor Hugo a puisé les faits et les personnages de sa pièce. Le respect dû au grand poète de ce siècle, loin d'exclure l'indépendance du jugement, l'appelle au contraire et l'impose. D'ailleurs, nous avons prétendu faire ici œuvre de commentateur bien plutôt que de critique, et même les plus farouches partisans du maître ne nous sauront pas mauvais gré d'avoir soumis à un examen attentif ce drame, dont Hugo garantissait en termes si formels et la vérité historique et la vérité morale.

Paris, 17 mars 1888.

ÉTUDES SUR L'ESPAGNE

COMMENT LA FRANCE A CONNU ET COMPRIS L'ESPAGNE
DEPUIS LE MOYEN AGE JUSQU'A NOS JOURS.

Le moyen âge français n'a guère connu l'Espagne, ce qui ne tient pas, comme on le pourrait croire, à la rareté et à la difficulté des relations entre les deux nations voisines. Bien au contraire, jamais l'Espagne n'a été moins fermée aux étrangers que pendant la longue période qui va des premières années de la *reconquête* du pays sur les Musulmans jusqu'à la fin du XVe siècle, jamais peut-être elle ne s'est montrée plus accessible aux influences du dehors. Mais nos compatriotes, guerriers ou moines, pèlerins ou jongleurs, quand ils franchissaient les monts, ce n'était pas avec l'intention de rien s'assimiler de la langue, des arts ou des usages de la contrée qui se débattait alors contre l'infidèle ; ils cherchaient en Espagne tout autre chose.

Nos chevaliers y allaient comme à la croisade d'outre-mer, lorsque les papes ou les rois de Castille et d'Aragon sollicitaient leur appui pour refouler les Sarrazins, et, la razzia accomplie, rentraient en France. Quelques-uns restaient là où, à grands coups d'épée, ils avaient gagné des terres ; ils *peuplaient*, suivant l'expression espagnole, s'établissaient, eux et leurs vassaux, dans la nouvelle conquête que le prince chrétien leur concédait à perpétuité. Plusieurs familles espagnoles tirent ou prétendent tirer leur origine de ces *Franci* ou *Transmontani* que des faveurs royales fixèrent définitivement sur le sol péninsulaire.

Venus au XIe siècle pour réformer des monastères, nos moines, ceux de Cluny, et, plus tard, ceux de Cîteaux, étaient aussi des conquérants, plus habiles seulement et plus tenaces que les chevaliers. Sous le roi Alphonse VI et à l'instigation surtout de sa seconde femme, Constance, fille d'un duc de Bourgogne, les bénédictins de Cluny s'emparent presque du gouvernement de la Castille ; ils réforment la liturgie, l'ancienne liturgie isidorienne, précieux reste de l'Espagne gothique, introduisent certaines coutumes féodales et font élire quelques-uns des leurs aux plus hautes dignités de l'église espagnole. Et, dans l'ordre intellectuel, l'action de ces moines n'est pas moins considérable, car c'est sous leurs auspices que notre littérature savante ou dévote, particulièrement notre théâtre liturgique[1], s'est répandue par de là les Pyrénées et y a favorisé le développement de la littérature nationale.

Les moines français donc, tout de même que les chevaliers, ont traité l'Espagne en pays de conquête; y portant d'ailleurs les fruits d'une civilisation plus avancée, ils ne trouvaient dans ces petits états à demi barbares, toujours en guerre contre l'ennemi de la foi quand ils ne se déchiraient pas entre eux, rien qui fût digne d'être remarqué et raconté en France.

Quant aux pèlerins, le pieux motif de leur *entrée en Espagne* les absorbait; pour eux, l'Espagne était avant tout le tombeau de saint Jacques, et quand ils avaient, après mille misères, atteint le sanctuaire du glorieux apôtre et y avaient accompli leurs vœux, rien ne les retenait plus outre-monts; ils avaient hâte de rentrer au logis pour y jouir des bienfaits

---

1. *Le jeu des trois rois mages*, le plus ancien drame liturgique espagnol, semble bien être d'origine clunisienne (*Romania*, t. IX, p. 468).

qu'ils croyaient tenir de l'intercession du saint. Conquérants à leur manière, ils avaient gagné, qui la guérison d'une maladie, qui le pardon d'une faute, qui la paix de l'âme.

Et pourtant, quelque obsédés qu'ils fussent par leur dévotion, il restait parfois à certains d'entre eux le temps d'observer et de noter au passage les choses étranges ou terribles qui les frappaient le plus. Ce long chemin de Compostelle, que les Espagnols ont nommé le *chemin français,* tant il était sillonné et constamment piétiné par nos compatriotes, passait par Burgos, la ville du Cid, Castrogeriz, que les pèlerins nommaient plaisamment *Quatre-Souris*[1], Sahagun, le siège du grand monastère bénédictin, Astorga, la vieille cité léonaise. Çà et là des hospices, placés au bord de la route, recueillaient les plus infirmes et les plus affaiblis ; les autres devenaient la proie d'hôteliers rapaces, qui les rançonnaient et les volaient: « Au chemin français le chat se vend pour de la viande », dit le proverbe espagnol. De cette époque datent les premières récriminations des voyageurs français contre

---

1. *Le chemin de Paris à Sainct Jaques en Galice, dit Compostelle, et combien il y a de lieues de ville en ville* (H. Harrisse, *Excerpta colombiniana,* Paris, 1887, p. 67).

les *ventas* espagnoles et la nourriture qu'on y sert : nourriture est ambitieux, puisque la plupart de ces lieux de délices n'offraient tout au plus aux passants que l'eau et le feu.

On a conservé quelques itinéraires ou guides du pèlerin de Saint-Jacques ; le plus ancien, du xiie siècle, et qui passe pour l'œuvre d'un prêtre poitevin, donne des détails assez précis sur les contrées habituellement traversées par les pèlerins et décrit les mœurs de leurs habitants, notamment celles des Basques et des Navarrais, avec peu d'indulgence[1]. « Pour un sou, ils tueraient un Français », dit l'auteur. D'après ce récit, on peut juger de la terreur qu'inspiraient à nos Français ces Pyrénéens avec leur cor pendu au cou, leurs javelots (*auconas*) que toujours ils tenaient à la main, leur *saya* noire et leurs *abarques*, chaussures faites de morceaux de peau qui se liaient à la jambe avec des lanières de cuir. Ces gens vivaient en vrais sauvages, se livraient à certains excès dont le détail est

---

1. *Le codex de Saint-Jacques-de-Compostelle* (*liber de miraculis S. Jacobi*), *livre IV publié par* le P. F. Fita avec le concours de J. Vinson, Paris, 1882, p. 16. Quelques extraits de ce livre avaient été donnés déjà par le Père F. Fita dans ses *Recuerdos de un viage á Santiago de Galicia*, Madrid, 1880, p. 57.

donné dans le livre, mangeaient avec les doigts dans la même écuelle, buvaient au même pot, parlaient un langage inintelligible. « À les voir manger, on les prendrait pour « des porcs ; à les entendre parler, on dirait « des chiens qui aboient ». Et l'auteur alors d'énumérer et de traduire quelques mots basques, juste ce qu'il en fallait sans doute aux pèlerins pour s'orienter et ne pas mourir de faim dans les défilés des Pyrénées. En revanche, il loue la dévotion des Basques; ils vont tous les jours à l'église et n'oublient pas l'offrande. C'est un prêtre qui parle : on conçoit qu'il soit touché de ce dernier détail.

Voilà le genre d'observations qu'on peut recueillir dans ces guides ; elles ne portent pas très loin et s'arrêtent à la surface des choses : aussi bien n'en saurait-on demander plus long à de tels livres et à de tels auteurs.

Nulle chose d'Espagne pendant fort longtemps n'a fait concurrence en France à Saint-Jacques de Compostelle, resté presque jusqu'à nos jours l'un des sanctuaires préférés de nos pèlerins, — Ozanam encore prit le *chemin français,* mais s'arrêta en route [1] —

---

1. A.-F. Ozanam, *Un pèlerinage au pays du Cid,* Paris, 1853.

rien, si ce n'est, dans une certaine mesure et dans un milieu plus restreint, Tolède : Tolède, conquise en 1085, qui fut au XII⁰ siècle un centre littéraire très important et notamment, ce qui a fait sa réputation, un laboratoire de sciences occultes. A Raimond, archevêque de Tolède de 1126 à 1150, revient l'honneur d'avoir fondé dans cette ville un collège de traducteurs, qui répandirent dans tout l'Occident chrétien ce que les Arabes avaient su prendre aux Grecs ; grâce à la protection éclairée de ce prélat d'origine française, les écoles du moyen âge ont possédé un Aristote plus complet. Ce fut à Tolède également que Pierre le Vénérable, abbé de Cluny, fit traduire le Coran par un juif. On connaît mal les origines de la magie tolédane. Vient-elle aussi des Arabes ou remonte-t-elle par delà l'invasion jusqu'à l'époque gothique ? Peu importe. Cette science, en tout cas, avait poussé de fortes racines dans la cité des conciles, car nos auteurs du XII⁰ et du XIII⁰ siècle en parlent couramment. « Les clercs, dit Hélinand, vont à Paris étudier les arts libéraux, à Orléans les auteurs classiques, à Bologne le droit, à Salerne la médecine, *à Tolède les diables,* et nulle part les bonnes mœurs » ; et le poète

Rutebeuf sait que : « De *Toulete* vint... A une nuit la nigromance[1] ».

Mais si, par l'entremise des bénédictins de Cluny et de Cîteaux, la France avait établi au xiie siècle des relations avec l'Espagne d'un ordre plus relevé que celles que pouvaient créer soit nos pèlerins, soit nos chevaliers, comment s'expliquer que les grandes entreprises littéraires d'Alphonse X, qui ont valu à ce roi de Castille le surnom de savant, ses travaux juridiques et astronomiques, qui témoignent d'une véritable culture chez une partie de la nation, soient restés si complètement ignorés de ce côté-ci des Pyrénées ? Par une raison fort simple. Les *Sept parties*, les *Livres de l'astronomie* et autres ouvrages d'Alphonse ont été rédigés en espagnol, partant ils ne pouvaient être admis par nos clercs, qui non seulement ignoraient cette langue, mais voulaient l'ignorer. Dans la France de ce temps-là, une science qui ne s'exprimait pas en latin n'avait pas cours, ne trouvait nul crédit. Traiter clairement, en une langue vulgaire et accessible aux laïcs, de matières réservées à

---

1. *Histoire littéraire de la France*, t. XVIII, p. 95, et D. Comparetti, *Virgilio nel medio evo*, Livourne, 1872, t. II, p. 98.

l'école et à son jargon était une tentative trop hardie pour ne pas mériter le dédain de la gent cléricale, qui en fait d'auteurs espagnols s'en tenait à Isidore de Séville.

Il est remarquable, au reste, combien peu l'on se souciait en France, même hors du monde des universités, de connaître et d'apprendre ce roman du midi. Notre public, qui aurait pu prendre goût à certaines œuvres de l'ancienne littérature espagnole, ne croyait pas même à l'existence de cette littérature. Exclusivement occupés de leur guerre sainte, les Espagnols, pensait-on, n'ont pas le temps d'écrire, et qu'écriraient-ils, s'ils en avaient le temps, dans l'intervalle des combats? Quelques chants guerriers, quelques légendes d'un intérêt très local et peu propres à piquer la curiosité des étrangers[1]. En somme, l'Espagne littéraire n'était pas prise au sérieux. Bien plus, les grands événements de l'histoire

---

1. Comme l'a montré M. G. Paris (*Histoire poétique de Charlemagne*, Paris, 1865, p. 494), on trouve un souvenir de la légende de Rodrigue et de la Cava dans le poème d'*Anséis de Carthage*. Cet emprunt à une tradition espagnole est tout à fait isolé. Rappelons aussi que le sujet du roman de *Cleomadès* d'Adenès le Roi paraît avoir été rapporté de Castille par Blanche de France, épouse de Ferdinand de la Cerda (*Histoire littéraire de la France*, t. XX, p. 710).

politique de l'Espagne chrétienne passaient souvent inaperçus ; c'est presque Corneille qui nous a révélé le Cid. De la littérature espagnole du moyen âge rien donc ou presque rien n'a été lu chez nous. A peine peut-on indiquer quelques traductions françaises de Raimond Lull et de François Eximeniz, tous deux, d'ailleurs, Catalans de naissance et de langue, c'est-à-dire plus rapprochés de nous que les Espagnols du centre, et sans compter que le premier, Raimond Lull, dut sa réputation en France à son encombrante personnalité, à ses voyages et séjours à Paris, Montpellier et Avignon, à ses projets aventureux dont il harcelait papes et rois, bien plutôt qu'à sa doctrine et à ses écrits.

Les guerres civiles qui désolèrent l'Espagne au XIVe siècle, la lutte terrible entre les deux frères, Pierre le Cruel et Henri de Trastamare, qui devait se terminer par la mort violente du premier (1369), provoquèrent une intervention française dont le chef fut, on le sait, Du Guesclin. Le parti soutenu par la France triompha, mais la mémoire du grand connétable n'a pas encore été complètement lavée du reproche d'avoir prêté les mains au meurtre du roi Pierre. Coupable ou non, Du Guesclin n'a pas en tout cas servi au rapprochement des deux nations; son nom rappelle aux Espagnols une des pages les plus sanglantes de leur histoire et leur amour-propre national se plait souvent à reporter sur un étranger l'odieux du guet-apens de Montiel.

Avec le xve siècle les rapports entre les deux pays deviennent plus nombreux et plus suivis. Espagnols en France et Français en Espagne commencent à s'observer de plus près et à se comparer, et, comme l'on se met à écrire, les témoignages sur ces visites réciproques ne nous font pas défaut.

Le groupe des trois royaumes chrétiens, Castille, Aragon et Navarre avec leur prolongement en Italie devient imposant; l'infidèle est refoulé sur ces dernières positions, l'issue de la lutte entre l'Islam et la Croix n'est plus douteuse. Aussi l'Espagne peut-elle maintenant regarder par-dessus les Pyrénées et, quand ses intérêts le lui commandent, prendre part aux démêlés des princes chrétiens, s'unir à l'un pour combattre l'autre. Elle n'appelle plus de croisés à son aide; ses guerriers, ses marins, que n'absorbe plus la reconquête, vont volontiers chercher gloire et fortune en France.

Tel Rodrigue de Villandrando, le fameux

routier, qui, à la tête de ses *Rodigois*, combat pendant un quart de siècle sur notre territoire pour la cause de l'indépendance française [1]. Tel le capitaine Pedro Niño, qui apporte à Charles VI le secours des galères de Castille, et, avec Charles de Savoisy, ravage les côtes anglaises; Pedro Niño, dont les exploits ont eu la chance d'être narrés par un chroniqueur charmant, ce Gutierre Diaz de Gamez, qui nous a laissé une si aimable description du château de Sérifontaine et de la vie qu'y menait la gracieuse dame de Tric, et qui, au surplus, parle des Français en général comme jamais peut-être Espagnol ne l'a fait : « Noble nation », « très élégants », « très gé-
« néreux », « très courtois et gracieux en leur
« parler, très gais et s'adonnant au plaisir de
« bon cœur », puis le dernier trait, « fort amou-
« reux et s'en vantant », car « le pays est dans
« le climat d'une étoile nommée Vénus, pla-
« nète amoureuse et gaie. » On ne saurait mieux dire ni plus galamment [2]. Tel Fernando del

---

1. J. Quicherat, *Rodrigue de Villandrando*, Paris, 1879, et, pour la période espagnole de la vie du grand aventurier, A. M. Fabié, *Don Rodrigo de Villandrando*, Madrid, 1882.

2. *Le Victorial, chronique de Don Pedro Niño, comte de Buelna, par Gutierre Diaz de Gamez*, traduit par le comte

Pulgar, l'historien des Rois Catholiques, qui, chargé d'une mission diplomatique en France par la reine Isabelle, en profite pour s'initier à la littérature française de l'époque, à laquelle il emprunte le modèle de ses *Hommes illustres de Castille*[1]. Tel enfin maître Fernand de Cordoue. Mais celui-là vaut une mention plus longue, car il semble qu'en nous envoyant ce phénomène, l'Espagne ait voulu se venger du mépris qu'avaient jusqu'alors affecté nos clercs pour la science espagnole.

Un jour donc, c'était au mois de novembre 1445, apparut à Paris un jeune clerc « natif « des Espaignes », âgé de vingt ans environ, d' « assez belle personne et moult agréable à « tous gens qui de lui avoient congnoissance », rapporte un de nos chroniqueurs. Ce clerc possédait d'abord tous les grades universitaires imaginables, il était maître en arts, docteur en médecine, en théologie, en lois, en décret et, par surcroît, peintre et musicien. Ce n'est pas tout. Fernand avait encore l'éducation du chevalier ; il jouait incomparablement de l'épée à deux mains et était homme à « sau-

---

A. de Circourt et le comte de Puymaigre, Paris, 1867, p. 317.
1. Voir l'APPENDICE I.

« ter contre son adversaire et arrière de lui
« vingt piez ou plus ». Quand il se présenta devant les clercs de notre université, assemblés
pour l'entendre, qu'il leur parla sans hésiter
« latin trop subtil, grec, ébreu, caldicque,
« arabicque », qu'il répondit victorieusement
aux arguments qu'on lui proposa, la docte assemblée fut saisie d'une « freour » telle, qu'elle
ne sut décider autre chose, sinon que cet Espagnol devait être l'Antéchrist ou de ses disciples. Passe pour la frayeur, cela ne se
commande pas toujours, et le cas, il faut en
convenir, était extraordinaire. Mais, avouons-le à la honte de l'université de Paris, à ce
sentiment peu noble se joignit un autre
sentiment moins noble encore, la jalousie.
Rongés de dépit, parce qu'ils avaient été
obligés de reconnaître la parfaite orthodoxie
des argumentations de Fernand, ce qui ne
leur permettait pas de le traiter en sorcier et
de le brûler, nos docteurs, pour satisfaire
leur rancune, le firent du moins arrêter, interdire, puis convoquer à Saint-Bernard devant
une nombreuse assemblée, et là lui tendirent
mille pièges pour le contraindre à formuler
quelque proposition condamnable. Fernand
se tira de cette épreuve avec tant d'adresse et
de modestie qu'il fallut, bon gré mal gré, le

laisser partir. Aux avances qu'on lui fit ensuite pour l'inciter à demeurer à Paris, il répondit en gagnant au plus vite la Flandre : la libérale manifestation des clercs parisiens l'avait dégoûté pour toujours de la science officielle. Il se retira à Rome, où il vécut dans l'entourage du cardinal Bessarion, et mourut en 1486[1].

Sans doute une telle revanche de Salamanque sur Paris ne donne pas la valeur moyenne de la science espagnole de l'époque. Fernand de Cordoue reste, ou à peu près, seul de son espèce. Toutefois cette soudaine apparition d'un Espagnol vraiment docte vint à propos tempérer l'outrecuidance de nos clercs, corriger l'impression qu'on pouvait avoir gardée à Paris d'un autre Espagnol, Raimond Lull, dont les extravagances, jointes à une ignorance à peu près complète du latin, avaient dû jeter quelque discrédit sur la culture intellectuelle de nos voisins.

Nous venons de voir un Espagnol en France. Suivons maintenant un Français en Espagne et recueillons ses impressions. Ce Français

---

1. Julien Havet, *Maître Fernand de Cordoue*, Paris, 1883 (extrait du t. IX des *Mémoires de la Société de Paris et de l'Ile-de-France*).

n'est pas le premier venu, c'est Robert Gaguin, historiographe royal, diplomate, général de l'ordre des Mathurins, bibliothécaire de Charles VIII et de Louis XII. De Burgos, où il était allé, en 1468, pour affaires concernant son ordre, Gaguin adressa à son ami François Ferrebout une longue épître, dont le sujet est une comparaison en forme de l'Espagne et de la France ; il nous donne ici le premier spécimen de ces diatribes, si fréquentes plus tard, lorsque les deux nations lutteront pour la suprématie en Europe et se diront sans ménagement leurs vérités[1]. La lettre de Gaguin est une date dans l'histoire des relations des deux pays ; pour la première fois se fait jour, dans un écrit, ce sentiment de rivalité qui inspirera toute la littérature de l'âge suivant.

Gaguin parle d'abord de la nature et des produits du sol. L'Espagne, dit-il, vante ses olives, ses palmes, ses figues, ses grenades et ses citrons, mais que sont ces fruits, plus propres à exciter la volupté qu'à apaiser la faim, auprès de nos pommes et de nos poires ? Voilà des fruits sérieux. Et les melons

---

1. L'épître de Gaguin se lit dans le *Thesaurus novus anecdotorum* de Martène et Durand, t. I (Paris, 1717), col. 1833-1840.

de Paris ne valent-ils pas ceux d'Espagne ? Heureuse France, qui, bien que plus peuplée que tous les autres pays du monde [1], produit en abondance de quoi nourrir tous ses enfants : du blé autant qu'il en faut, du vin à n'en savoir que faire, puisqu'elle l'exporte en Angleterre. Et que dirons-nous du bétail et de son élevage? L'Espagne oserait-elle comparer aux riches pâturages de la Gaule ses champs arides et où l'herbe est si rare qu'il est nécessaire, pour paître les troupeaux, de les transhumer sans cesse ? La Castille n'est guère qu'une plaine de sable, que ses habitants sont obligés d'irriguer et de drainer : en France, l'eau coule partout, verdit les prés, fertilise les champs. Parlerons-nous des routes, ces routes d'Espagne, non pavées, si boueuses l'hiver, si poudreuses l'été ; des villes, dont les maisons bâties en pisé ne sont ni belles à voir ni solides ; des châteaux-forts, mal construits et qui ne valent que par leur situation naturelle, quand on les a perchés sur des hauteurs inaccessibles? Puis, Gaguin passe aux hôtelleries, cette pierre d'achoppement de tout voyageur français en Espagne. On ne les sau-

---

1. « Cum enim Gallia sit supra ceteras orbis plagas populosior. »

rait mieux comparer, dit-il, qu'à des porcheries. Quatre murs, auxquels pendent quelques pots : voilà l'auberge espagnole. Il y faut tout apporter, tout préparer de ses mains, allumer soi-même son feu et le souffler, car les soufflets sont ustensiles inconnus en ces parages. Dans les écuries, au lieu de litière, des ordures, et quels régiments de puces! — Après les choses, les hommes. Aux gloires militaires de l'Espagne, Gaguin oppose Brennus, le vainqueur de Rome, nos Gaulois qui tinrent tête à César, nos croisades et Du Guesclin, à qui les successeurs du roi Henri doivent de régner aujourd'hui sur l'Espagne. Et que les Espagnols ne ripostent pas par leur Rodrigue de Villandrando, qui a promené son épée de routier par toute la France, car après tout ce n'était qu'un méchant brigand (*latrunculus*). Les Espagnols, ajoute Gaguin, sont fermés aux arts et négligent l'instruction de la jeunesse; satisfaits du peu que donne libéralement la nature, ils ne comprennent pas le Français qui corrige la fortune par son industrie. Ici le portrait du pauvre écuyer qui vit content de son sort à l'ombre du puissant seigneur, médiocrement nourri, médiocrement vêtu, et qui meurt laissant pour tout potage à ses héritiers son bouclier de cuir, son épée et sa dague, son épieu et sa lance, son carquois et son arbalète. N'y a-t-il pas là comme un avant-goût de l'inventaire d'un autre *hidalgo,* l'inventaire, dressé par Cervántes, du mobilier de Don Quichotte ?

S'il a paru à propos d'insister sur le libelle de Gaguin, c'est qu'il est, on le répète, le premier du genre et qu'il contient quelques traits bien vivants, presque modernes. Les doléances du général des Mathurins font pressentir et expliquent les *Impressions de voyage* d'Alexandre Dumas et ses continuelles jérémiades sur la cuisine espagnole.

Pour en finir avec le xv° siècle, notons qu'un mouvement de curiosité se manifeste en France pour certaines œuvres littéraires espagnoles qui répondaient le mieux au goût du jour. C'est ainsi qu'en 1460 un Portugais de la cour de Bourgogne translate, de langage espagnol, un livre de courtoisie, le *Triomphe des dames,* du poète galicien, Juan Rodriguez de la Cámara. « Et où pouvons-nous mieux em-
« ployer un tel livre, qui parle de l'excellence,
« vertu et noblesse des dames, qu'au royaume
« français, où l'on en trouve tant d'excellentes,
« vertueuses et nobles », dit gentiment le traducteur[1]. Ce livre prenait position dans le

1. *Obras de Juan Rodriguez de la Cámara,* publ. pour

grand débat ouvert depuis le commencement du moyen âge sur les mérites respectifs de la femme et de l'homme[1]. Plusieurs écrivains célèbres, Boccace, par exemple, avaient cruellement vilipendé la femme, et leur opinion, défendue par d'autres, avait si fort prévalu qu'il devenait urgent de la combattre. Juan Rodriguez s'en chargea et, en bonne forme, par arguments déduits scolastiquement, composa son plaidoyer, dont le titre même indique la conclusion. Parmi ces arguments, sans compter ceux qu'on doit taire ici et que le curieux ira chercher dans le texte, il en est de bien naïfs et de fort ingénieux. Voulez-vous savoir pourquoi la femme est supérieure à l'homme? On va vous le dire. C'est que l'homme a été fait du limon de la terre, le plus vil des éléments; la femme, de la côte de l'homme, ce qui est incontestablement plus noble[2]. Et conçoit-on rien de plus subtil que cette autre

---

la Société des bibliophiles espagnols par D. Antonio Paź y Mélia, Madrid, 1884, p. 324.

1. M. P. Meyer a cité, dans la *Romania*, t. VI, p. 499, et t. XV, p. 315, les pièces latines et françaises de ce long procès.

2. L'argument, très vieux, fut repris au xvie siècle encore par Juan de Espinosa, *Dialogo en laude de las mugeres*, éd. du *Refranero general español* de Sbarbi, Madrid, 1875, t. II, p. 128.

réponse? « C'est la faute de l'homme et non
« pas de la femme si le genre humain a été
« perdu et condamné, car Dieu n'a pas repris
« la femme pour avoir goûté la pomme, mais
« pour l'avoir offerte à l'homme, à qui il avait
« défendu d'y toucher ; si donc l'homme a
« péché, lui seul est responsable de notre
« chute ; il n'avait qu'à se bien tenir[1] ». Le
courtois traité de Rodriguez de la Cámara eut
en France un succès assez vif et durable; il fut
imprimé vers 1530 par un libraire parisien.

Dans un autre genre, nous pouvons signaler
encore une traduction de l'espagnol. Il s'agit
cette fois d'un traité d'armes et de blason de
Diego Valera[2], chevalier castillan qui avait
beaucoup couru le monde en quête d'aventures et, notamment, joûté avec succès à un pas
d'armes tenu près de Dijon par Pierre de
Bauffremont, seigneur de Charni, le même
Bauffremont qui combattit aussi avec Juan de
Merlo, chevalier portugais venu en France

---

1. Voyez, dans la *Romania*, t. XV, p. 319, le développement qu'un vieux poète anglo-normand donne à cette même idée.

2. « Petit traittié de noblesse, composé par Jaques de Valere, en langue d'Espaigne, et nagaires translaté en françois par maistre Hugues de Salve, prevost de Furnes » (ms. de la Bibl. nat., franç. 1280, f. 13).

peu auparavant « pour acquérir honneur[1] ». On s'étonne qu'un livre de cette nature ait paru digne d'être tourné en français, car tout ce qui touchait à l'art de chevalerie, aux tournois, au blason, etc., venait alors de France ; les Espagnols ne faisaient que nous copier, comme il est facile de s'en convaincre en lisant n'importe quelle chronique, n'importe quel livre héraldique du xv° siècle. Peut-être, cependant, l'usage d'Espagne différait-il assez, sur quelques points, de la mode française pour que de fins connaisseurs, comme il s'en trouvait tant aux cours de France et de Bourgogne, fussent curieux de s'en instruire auprès d'un Espagnol docteur en science chevaleresque[2].

Nous touchons à la grande époque espagnole. Avec la fin du xv° siècle cesse le morcellement politique de la Péninsule, qui, pendant le moyen âge, avait causé sa faiblesse relative. Un mariage unit pour toujours ses

---

1. Comte de Puymaigre, *La cour littéraire de D. Juan II, roi de Castille*, Paris, 1873, p. 141 et 198.

2. Il arrive aussi que des Français prêtent l'oreille à la poésie populaire espagnole. Une romance historique, très probablement recueillie par un Français en Espagne à la fin du xv° siècle, a été publiée par M. G. Paris dans la *Romania*, t. I, p. 373.

deux principaux états, la Castille et l'Aragon. Puis surviennent tout à coup des événements extraordinaires, inespérés : prise de Grenade ou la ruine irrémédiable du Maure ; découverte de l'Amérique, c'est-à-dire tout un monde merveilleux gagné sur l'inconnu. Voilà de quoi rehausser singulièrement le prestige des Espagnols, isolés jusqu'alors, relégués dans leur domaine propre ou ses annexes d'Italie, et qui maintenant vont jouer un rôle prépondérant dans la grande république chrétienne.

De Pavie au traité de Vervins l'Espagne tient le premier rang; elle commande en Europe, parce qu'elle a la force militaire, l'unité politique, la centralisation du gouvernement. Désormais le nom d'Espagne désigne une nation, non plus seulement un pays divisé en quatre ou cinq états. Et cette nation a une langue suffisamment formée et digne de lui servir d'organe, car l'unité s'est faite en cela comme en d'autres choses : les parlers des états orientaux se sont effacés devant l'idiome du centre. Il ne manque plus aux Espagnols qu'une littérature nationale qui soit à la hauteur de leur renommée politique et militaire. Eux-mêmes le sentent et s'efforcent de remédier à cette infériorité :

« Avouons, dit un des leurs, avouons que nous avons été jusqu'à ce jour bien pauvres en livres de toute sorte dans notre langue... car toute notre richesse consistait presque en livres de la secte d'Amadis et de ses descendants; tandis qu'en arabe, en allemand et en beaucoup d'autres langues étrangères qui ne valent pas la nôtre, on trouve cent mille livres de toutes les matières. Et si cette pauvreté était grande jadis, on la remarquait moins, parce qu'alors tout se passait entre quatre murs, et les Espagnols, jusqu'à la guerre de Naples, n'étaient pas encore sortis de chez eux et ne s'étaient point fait connaître au dehors. Mais maintenant que l'Espagne règne et se montre en tant de parties du monde, non seulement de celui qui était autrefois connu, mais même de celui qui est plus loin, aux Indes; maintenant qu'en tant de lieux on parle et enseigne la langue espagnole, comme dans les temps passés la latine, il faut la cultiver et la perfectionner par tous les moyens possibles, *ainsi qu'on le fait depuis quelques années* et ainsi que le firent les Romains, aussitôt qu'ils entrèrent en contact avec la Grèce et autres nations étrangères, hors de l'Italie[1]. »

Le conseil fut écouté et suivi. Avant le milieu du XVI⁰ siècle, les Espagnols avaient déversé sur les pays voisins, et particulière-

---

1. Cristóbal de Castillejo, dédicace du poème *El autor y su pluma,* différente de celle que donnent les éditions (ms. de Vienne, cité par F. Wolf, *Sitzungsberichte der K. Akademie der Wissenschaften, philosophisch-historische Classe,* t. V (1850), p. 134).

ment sur la France, non seulement ces romans de chevaleries dont, au moyen âge, nous leur avions donné le modèle, mais toute une littérature d'invention plus récente, surtout des romans, romans allégoriques, romans de mœurs, un peu plus tard aussi des pastorales, puis quelques écrits d'un genre moins frivole, des œuvres de moralistes. Parmi ces dernières, nulles n'eurent plus de succès chez nous que les *Epîtres familières*, le *Livre d'or de Marc-Aurèle*, l'*Horloge des princes* et le *Réveil-matin des courtisans*, du célèbre évêque de Mondoñedo, Antonio de Guevara, l'un des trois ou quatre grands prosateurs espagnols antérieurs à Cervantes. Le père de Montaigne en faisait sa lecture habituelle : « Entre les Espagnols, rapporte son fils, luy estoit ordinaire celuy qu'ils nommoient *Marc Aurèle*[1] ».

A la vérité, dans cet engouement pour les livres espagnols, qui va durer plus d'un siècle et qui atteindra son apogée sous le règne de Louis XIII, il faut voir autre chose encore qu'un hommage rendu au talent de leurs auteurs. Nous lisions surtout les Espagnols parce que, sur terre et sur mer, ils étaient les plus forts, parce qu'ils remplissaient le monde

---

1. *Essais*, livre II, ch. 2.

du bruit de leurs entreprises belliqueuses. La réputation littéraire d'un peuple est bien souvent dépendante de sa puissance politique, de sa gloire militaire, et, pour ne parler ici que de l'Espagne et de la France, il est à remarquer que, lorsque l'un de ces pays influe sur l'autre, armes et lettres de celui qui exerce la suprématie s'imposent à la fois, ou plutôt ses armes ouvrent le passage à ses lettres et prédisposent les esprits en leur faveur. Au moyen âge la littérature française est accueillie en Espagne, parce qu'alors la supériorité en tout nous appartient, et il en est de même au xviiie siècle, où l'établissement de la dynastie des Bourbons sur le trône espagnol nous fait participer dans une certaine mesure au gouvernement de la nation voisine et à la direction de sa politique. A leur tour les prouesses des *tercios* espagnols depuis Cérignoles jusqu'à Rocroi ont singulièrement recommandé le goût des choses d'Espagne en France. Pour s'en convaincre, il suffit de lire Brantôme.

Ce grand amateur du « friand espagnol », qui se piquait de le si bien parler et écrivait, comme il dit, « à la cavalière », qu'admire-t-il surtout chez les Espagnols ? Leur belle allure martiale, leur parler soldatesque et magnifique, leur fine bravoure. Quant il apprend que les mousquetaires du duc d'Albe traversent la France pour aller en Flandre châtier les Gueux, il ne se tient pas de joie, il faut qu'il coure « exprès en poste » en Lorraine pour contempler de ses yeux cette « gentille troupe de braves et vaillans soldatz « bien choisis des terzes de Lombardie, de « Naples, de Sicile, de Sardaigne et d'une « partie de celuy de la Golette... tous vieux et « aguerrys soldatz, tant bien en poinct d'ha- « billemens et d'armes, la plus part d'orées et « l'autre de gravées, qu'on les prenoit plustot « pour capitaines que soldatz... Et eussiez dict « que c'estoient des princes, tant ilz estoient « rogues et marchoient arrogamment et de « belle grâce[1] ». A ses yeux, les Espagnols sont avant tout une race guerrière, quoiqu'il leur reconnaisse, mais en seconde ligne, d'autres qualités : « Pour les armes ilz n'en cèdent « à aucune nation ; pour les sciences et les « artz, ilz s'adonnent si fort aux armes « qu'ilz les hayssent et vilipendent fort, et en- « voyent les livres au diable, si ce n'est au- « cuns, qui, quand ilz s'y adonnent, ilz

---

1. *OEuvres complètes de Pierre de Bourdeille, seigneur de Brantôme*, éd. Lalanne, t. I, p. 102.

« sont rares, excellans et très admirables,
« profondz et subtilz, comme j'en ay veu plu-
« sieurs[1] ».

Mais Brantôme n'est-il pas l'auteur des *Rodomontades* et ne serait-ce pas pour se gausser de la forfanterie espagnole qu'il aurait compilé ce précieux recueil d'énormes vantardises? Nullement. Malgré son ton plaisant et qui nous paraît plus malicieux qu'il ne l'est en réalité, Brantôme admire sincèrement ces « belles parolles profferées à l'improviste » de la nation « brave, bravasche et valleureuse, « et fort prompte d'esprit », comme il la nomme avec une entière conviction. C'est plus tard seulement, quand les Espagnols mêlés à nos guerres civiles avaient fini par se rendre insupportables et odieux, que les *Rodomontades* ont été prises en mauvaise part, défigurées et délayées dans de petits livrets satiriques ou au bas d'images burlesques de capitans matamores, dont le débit fut grand sous Louis XIII.

Brantôme est le prince des espagnolisants du XVI⁰ siècle. Nul plus que lui n'a contribué à orner notre langue de grâces espagnoles. Brantôme ne discute pas, il *blasonne*, dit *des*

---

1. *OEuvres de Brantôme*, éd. citée, t. V, p. 296.

bourles, busque fortune, hable, ne lance pas une pierre, mais la *tire, trepe* au lieu de monter, se donne une *care* ou un *garbe* (un air), marche à la soldade *bizarrement.* Quelques-uns de ces mots sont restés dans notre vocabulaire avec des acceptions plus ou moins éloignées de leur sens primitif, comme *hâbler* et *bizarre,* d'autres n'ont pas survécu à la décadence du goût espagnol en France.

En résumé, jamais Français n'a mieux compris le caractère espagnol dans ce qu'il a de courageux, d'héroïque, mais aussi d'arrogant, de pompeux et de vantard : cela tient sans doute à ce que Brantôme, gentilhomme périgourdin, était lui-même fortement entiché et entaché de « braverie ». On ne comprend bien que ce que l'on aime.

« Coustumièrement, dit toujours Brantôme,
« la plupart des François aujourd'huy, au
« moins ceux qui ont un peu veu, sçavent
« parler ou entendent ce langage[1] », c'est-à-dire soit l'italien, soit l'espagnol. De l'espagnol, ce qu'il avance là est vrai certainement, et l'on en pourrait donner mille preuves, par exemple le fait que des livres espagnols s'imprimaient couramment en France et y trou-

---

1. *OEuvres de Brantôme*, éd. citée, t. IX, p. 251.

vaient acheteur. A la cour on cherchait à se donner un vernis de castillan, l'éducation du prince n'eût pas paru complète sans quelque teinture de ce langage. Aussi de nombreux Espagnols, professeurs improvisés, s'y emploient-ils, témoin ce Julian de Medrano, gentilhomme navarrais au service de Catherine de Médicis, qui, sur la demande de cette reine, compile et publie à Paris, en 1583, un recueil d'historiettes et de proverbes en langue de Castille, intitulé : « La forêt merveilleuse, où « sont narrées diverses choses fort subtiles « et curieuses, très utiles aux dames et aux « messieurs[1] ».

Dans cette tourbe vagabonde d'aventuriers espagnols, que les guerres de Flandre ou de la Ligue et les proscriptions de Philippe II avaient jetés sur le pavé de Paris, se détache le fameux Antonio Perez. La situation considérable qu'il avait occupée dans les conseils d'Espagne, les circonstances mystérieuses de sa disgrâce et les péripéties dramatiques de son procès et de sa fuite en France en faisaient un objet de curiosité à la cour et à la ville.

---

1. *La silva curiosa* de Julian de Medrano. Paris, 1583 (réimprimée dans le *Refranero general español* de Sbarbi, t. X, Madrid, 1878).

Henri IV l'accueillit d'abord avec empressement, le choya, mais finit par se lasser de l'exilé besoigneux et devenu vite inutile dès qu'il n'eut plus de secrets d'Etat à vendre. Perez traîna longtemps à Paris une très misérable existence, quémandant à droite et à gauche dans de jolis billets élégamment tournés qu'il adressait aux grands seigneurs ou aux ministres et qu'il signait volontiers : « Chien de Votre Excellence ». Dans son abjection, l'infortuné secrétaire de Philippe II garda du moins le respect de sa plume ; impossible d'implorer une grâce en meilleur style, de flatter plus délicatement et en termes plus parfumés. Perez est un excellent épistolier, et qui sait si Voiture et nos autres virtuoses dans l'art d'écrire une lettre ne lui doivent pas quelque chose ?

L'année 1598, date du traité de Vervins, marque le terme des progrès de la puissance espagnole : le colossal empire est ébranlé. Non seulement l'Espagnol n'avance plus, mais il a même, sous le premier successeur de Philippe II, bien de la peine à se maintenir dans ses positions et à ne pas reculer. L'axe de la politique du monde s'est déplacé définitivement à notre profit. Toutefois, en vertu du principe de la vitesse acquise, qui opère ici comme en physique, le prestige subsiste quand même. L'Espagne, dans l'opinion commune, balance le pouvoir naissant de la France et sa déchéance ne se manifeste qu'aux yeux exercés de ceux qui ont le maniement de la chose publique ; le peuple, la grande masse de la nation ne la sent pas autant. On craint moins l'Espagnol, sans doute, mais on le jalouse encore, on le raille.

C'est le moment des emblèmes et des caricatures, où le *segnor espagnol*, ange en l'église, diable à la maison, loup en table, pourceau en sa chambre, paon en la rue, renard pour les femmes, mouton quand il est pris, etc.[1], se carre dans son manteau que relève la pointe d'une épée démesurée ; le cou étranglé dans une fraise à plusieurs étages ; aux jambes, des jarretières fermées par une botte de raves, allusion à ce que le populaire croyait être la nourriture exclusive de ces hidalgos :

« Je suis l'espouvantail des braves de la terre,
Toutes les nations fléchissent soubs ma loy ;
Je ne veux point la paix, je n'aime que la guerre
Et Mars n'est point vaillant, s'il ne l'est comme moy[2]. »

1. *Emblesmes sur les actions, perfections et mœurs du Segnor Espagnol, traduit du castillien.* Mildelbourg, 1608. Autre édition, Paris, 1626.
2. Bibliothèque Nationale. Cabinet des estampes. Ob. 50.

A le voir, on sent que ce crocodile, pourfendeur de rondaches — ce sont les épithètes usitées, — est prêt à se retourner sur vous et à vous décocher d'une voix terrible quelque stupéfiante rodomontade, comme celle-ci :

« Je jure Dieu, vilain, si je te vois là, de te donner tel coup avec ce baston que je te ferai entrer six pieds dedans la terre, tellement qu'il ne restera rien de toi hors d'icelle que ton bras droit pour m'oster ton chapeau, lorsque tu me verras passer[1] ».

D'autres cherchent les causes de l'antipathie régnante entre Espagnols et Français et notent curieusement leurs contrariétés d'humeurs, comme le docteur Cárlos García, dans le livre publié à Paris, en 1617, peu après le premier mariage espagnol, et qui s'intitule : *L'opposition et la conjonction des deux grands luminaires du monde, œuvre plaisante et curieuse, où l'on traite de l'heureuse alliance de la France et de l'Espagne, et de l'antipathie des Espagnols et des Français*[2].

---

1. *Rodomuntadas castellanas, recopiladas de los commentarios de los muy aspantosos, terribles e invisibles Capitanes, Metamoros, Crocodillo y Rajabroqueles*. Rouen, 1637 (en espagnol et en français).

2. En français et en espagnol. Le texte castillan a été réimprimé dans les *Libros de antaño*, t. VII, Madrid, 1877. Plusieurs chapitres de l'opuscule de García ont passé

Les deux grands luminaires, ce sont Louis XIII et Anne d'Autriche, dont le mariage doit réconcilier les deux nations rivales et atténuer en quelque mesure les effets de leur antipathie naturelle. Antipathie qui éclate dans tout, au point, dit cet auteur, qu'on est fondé à se demander si les Espagnols sortent du ventre de leur mère de la même façon que les Français. Antipathie au physique et au moral. Le Français grand, blanc, blond ; l'Espagnol petit, hâlé, noir ; l'un portant les cheveux longs, l'autre courts ; le premier ayant le mollet grêle, quand du mollet du second on ferait une cuisse ; l'Espagnol flegmatique, lent, lourd, triste, patient et retenu ; le Français colérique, prompt, léger, gai, téméraire et généreux ; le Français n'estimant les faveurs de sa maîtresse qu'autant qu'elles sont connues de ses amis ; l'Espagnol ne trouvant rien de plus doux en amour que le secret. Anti-

---

littéralement dans le *Discours de la contrariété d'humeurs qui se trouve entre certaines nations et singulièrement entre la françoise et l'espagnole, traduit de l'italien de Fabricio Campolini, Veronois,* Paris, 1636. Campolini est le pseudonyme de La Mothe Le Vayer, ce pyrrhonien qui résumait, dit-on, sa doctrine dans ces deux vers espagnols :

De las cosas mas seguras
La mas segura es dudar.

pathie dans la façon de se vêtir. Le Français, pour se boutonner, commence par le collet et descend à la ceinture; l'Espagnol, au rebours, ferme le bas d'abord et finit par le collet. S'il est réduit à la nécessité, le Français vend tout: manteau, pourpoint et chausses, hors la chemise ; l'Espagnol commence par vendre sa chemise, gardant jusqu'à l'extrémité sa fraise, son épée et sa cape. Antipathie dans le manger et le boire. Le Français mange le bouilli avant le rôti, l'Espagnol le rôti avant le bouilli. Quand il boit, le Français met l'eau sur le vin ; l'Espagnol le vin sur l'eau. A table, l'un parle sans cesse, l'autre ne dit mot, et, après le repas, alors que le premier marche et se démène, le second se repose, à moins qu'il ne dorme. Et ainsi de suite du reste, du maintien, du parler, etc.

Que faire à cela ? Il n'est au pouvoir de personne de supprimer cette antipathie qui a son fondement dans la nature contraire du sol et des hommes, il ne reste qu'à la corriger dans la pratique, et à ce but doit tendre le mariage de Louis et d'Anne.

Ce mariage et son pendant, celui d'Elisabeth de Bourbon avec Philippe IV, ne firent pas disparaître, bien entendu, les anciennes causes de discorde et de jalousie entre Espagnols et Français; il en résulta cependant quelque détente, un rapprochement tout au moins entre la noblesse des deux pays, qui, à cette occasion, rivalisa de fine courtoisie et d'élégance.

En arrivant en France avec leur infante, les gentilhommes espagnols ne durent pas se sentir dépaysés, c'est qu'en effet l'engouement pour les *choses d'Espagne* — sinon pour ses habitants — était alors à son comble dans le monde de nos jolis cavaliers. Tandis que l'Espagne politique baissait dans notre estime, que ses armées et ses flottes ne nous préoccupaient plus guère, ses modes, en revanche, faisaient fureur. L'Espagne gardait encore sur nous la supériorité d'une nation arrivée plus tôt aux raffinements de la civilisation, elle nous imposait la forme de ses costumes, comme le ton de sa littérature. L'air *galant* qu'on se donnait à Paris, la *braverie* dont se piquaient nos courtisans, leurs attitudes de *fondus d'amour*, tout cela est d'importation espagnole. Quel élégant se fût refusé et des gants de senteur et un collet parfumé d'ambre gris? Quelle gentille dame se fût coiffée sans *moustaches*, sans *galant* et sans *apretador*, ou eût négligé de faire porter à l'église un carreau de broderie d'Espagne pour s'y asseoir? **Les jeux** de cartes étaient espagnols : *prime, quinola, hombre* ; les danses aussi : *sarabande, passecaille, séguédille,* et jusqu'à la cuisine : *arbondilles* et *salpicon* figurent encore dans les menus de Louis XIV. C'est également dans la première moitié du xviie siècle que l'usage du chocolat pénétra en France[1].

Pour ce qui est de la langue, l'espagnol était, incontestablement, beaucoup plus répandu en France et plus cultivé que ne l'est aujourd'hui, par exemple, l'anglais, quoique l'Angleterre nous importe et nous impose bien plus de modes et *d'articles* de tout genre que nous n'en recevions, au xviie siècle, d'Espagne. « En France, écrit Cervantes, en 1617, ni « homme, ni femme ne laisse d'apprendre la « langue castillane[2] ». On l'apprenait certainement beaucoup : parler ou entendre au moins le castillan était de bon ton dans un certain monde. C'est pour nos gentilshommes que de pauvres diables d'Espagnols, réfugiés ou de séjour en France, les Ambrosio de Salazar, les Lorenzo de Robles, les Juan de

---

1. Au sujet du goût espagnol sous Louis XIII, lire dans *Richelieu et la monarchie absolue*, du vicomte G. d'Avenel, (Paris, 1884, t. II, p. 1 à 68) les chapitres intitulés : *Dépenses et charges* et *La politesse et les salons*.
2. *Persiles y Sigismunda,* livre III, ch. 13.

Luna, ont écrit tant bien que mal grammaires, vocabulaires et dialogues. De ces livrets de fort mince doctrine, et qui valent ce que valent nos « manuels de la conversation », les éditions se multiplient; à peine les libraires peuvent-ils suffire aux demandes. Et comme il arrive toujours dans ce cas, la concurrence ne tarde pas à naître. Au *Miroir* et *Secrets de grammaire* d'Ambrosio de Salazar, un Français plus instruit, César Oudin, oppose et sa *Grammaire* et son *Trésor,* qui eurent le plus grand succès; la grammaire a été remplacée par d'autres préférables, tandis que le *Trésor* reste un livre précieux.

Mais si l'on apprend l'espagnol en France, c'est plutôt par genre, pour émailler la conversation de mots exotiques — comme nous faisons aujourd'hui avec l'anglais — que pour lire des livres. Peut-être nos hispanomanes s'essayent-ils à comprendre certains opuscules, soi-disant facétieux, que des Espagnols désœuvrés ou besogneux publient à Paris, dans leur langue, comme la *Fameuse et téméraire compagnie de Brise-Colonnes,* ou *La mort, enterrement et obsèques de Chrespina Marauzmana, chatte de Juan Crespo*[1]. En général, ils s'en tiennent aux traductions.

---

1. *La famosa y temeraria compañia de Rompe Colum-*

Ces traductions pullulent. Il y a à Paris une véritable agence de traducteurs du castillan. Tout ce qui paraît de nouveau à Madrid, les romans surtout, est immédiatement expédié en France. Au déballé, un Oudin ou un d'Audiguier s'en empare et a vite fait de donner une forme française aux fruits de l'imagination espagnole ; car si le public n'en sait guère assez long pour lire facilement l'œuvre originale, il tient cependant à la connaître dans toute sa fraîcheur. Cervantes surtout a la vogue. Quand, sur la fin de sa vie, en 1617, il publie son dernier grand roman, les *Aventures de Persiles et de Sigismunde,* le livre n'a pas plus tôt paru à Madrid, qu'il est répété à Paris dans la langue originale, puis traduit, l'année d'après, en français. Un des plus jolis romans espagnols du xviie siècle et des mieux écrits, la *Vie de l'écuyer Márcos de Obregon,* imprimé en 1618, est « apporté de Madrid au « sortir de la presse » à d'Audiguier, qui en dépêche la version en quelques mois.

Romans et nouvelles, voilà ce que l'on de-

---

nas, traduzida y acrescentada por el capitan Flegetonte. Paris, 1609. — *La muerte, entierro y honras de Chrespina Marauzmana, gata de Juan Chrespo, en tres cantos de octava rima, intitulados la Gaticida, compuesta por Cintio Meretisso, Español.* Paris, 1604.

mande avant tout ; et encore, dans ce genre, accorde-t-on une préférence marquée aux nouvelles picaresques, parce qu'elles sont très près de la réalité, représentent « les actions « communes » et le genre de vie particulier des Espagnols. S'ils louent rarement le style, la composition et les digressions morales de ces livres, nos auteurs et nos traducteurs reconnaissent au moins de bonne grâce la supériorité des Espagnols dans la peinture des mœurs contemporaines. « Ils sont les premiers, dit « Sorel, qui ont fait des romans vraisem- « blables et divertissants[1] ». En les lisant l'on s'amuse et l'on demeure dans un monde réel, ce qui convient à qui veut s'instruire agréablement du caractère et des coutumes d'une nation étrangère.

Si d'autres livres d'Espagne trouvent accès chez nous, ce ne sont guère que des pastorales, mêlées de vers et de prose, qui plaisent parce que le genre venu d'Italie s'est acclimaté depuis longtemps en France. On est curieux de comparer au Sannazare et la *Diane* de Montemayor et l'*Arcadie* de Lope de Vega. Mais du théâtre, de ce drame dont un peu

---

1. *La Bibliothèque françoise*, Paris, 1664, p. 172.

plus tard nous allons tant tirer parti, rien ne passe, c'est-à-dire rien n'est traduit.

Et pourquoi ? C'est d'abord que les Espagnols eux-mêmes, jusqu'à la mort de Lope environ, en font assez peu de cas, n'estimant pas que, hors de l'enceinte du théâtre et du public très mélangé qui les écoute avec ravissement, les *comedias* puissent être sérieusement goûtées ; c'est ensuite que le drame espagnol est véritablement intraduisible. Qu'on s'y prenne comme on voudra, qu'on y emploie ou le vers ou la prose, la version fidèle d'une *comedia* ne manque pas de produire en français un effet désastreux. Dans tous les autres genres, les défauts les plus saillants de la poésie espagnole, emphase, recherche, obscurité, nous sont sensibles ; dans le théâtre, ils deviennent insupportables. Nos grands auteurs dramatiques l'ont bien compris, ils ont vu ce qu'ils pouvaient emprunter aux Espagnols et ce qu'il fallait leur laisser. Sujets et situations, très faciles à transporter sur n'importe quel théâtre, voilà ce que la *comedia* avait à nous revendre ; ce qu'elle ne pouvait céder en aucun cas, car nul n'aurait su qu'en faire, c'était sa forme, dont le pays d'origine seul s'accommodait.

La seconde époque du goût espagnol en

France, au XVIIᵉ siècle, est toute d'imitation, d'imitation intelligente qui sait créer des œuvres plus belles, plus parfaites que les originaux : le *Cid* (1636), le *Menteur* (1644), l'Espagne francisée par un poète de génie. Certes l'Espagne garde le mérite de l'invention, que Corneille a loyalement reconnu et proclamé ; mais que ne doit-elle pas aussi à de tels imitateurs ? Sans parler de l'incomparable éclat que ce *Cid* français a jeté sur un héros dont la renommée avait à peine franchi le seuil national, sans parler du surcroît de gloire que ces grands vers sonores et magnifiques ont valu à l'Espagne dans tout le monde civilisé, n'est-ce pas, grâce à Corneille surtout, que justice a été rendue aux modèles dont il s'est inspiré et qu'on s'est enfin pris à admirer des œuvres dont les contemporains avaient à peine pressenti la valeur[1] ?

Avec Corneille, son frère Thomas, Rotrou, Molière et d'autres ont été se fournir au magasin, toujours abondamment pourvu, de la

---

1. Encore à la fin du XVIIIᵉ siècle, García de la Huerta juge le *Cid* de Guillem de Castro : « una menos que mediana composicion de uno de los mas triviales de nuestros poetas. » Il ne sait même pas exactement où est né l'auteur imité par Corneille : « parece que nació en Valencia » (*Theatro hespañol*, parte 1ª, t. I, Madrid, 1785, p. LXXII).

comedia espagnole. Ce qu'ils en ont rapporté est de valeur inégale ; mais, bonnes ou médiocres, ces acquisitions ont leur prix, elles montrent que le goût espagnol n'a pas été, en France, seulement mode passagère, manie puérile. En élargissant l'horizon de notre littérature et en la guidant dans une voie nouvelle, l'Espagne a formé avec nous une alliance plus étroite que celles qui ont pu résulter de n'importe quel pacte de famille ; par là elle a vraiment pénétré dans notre vie intellectuelle et y a laissé sa trace.

En dehors du théâtre, l'imitation espagnole a aussi ses adeptes : nos Sorel, nos Scarron ont traité la nouvelle picaresque, comme les les auteurs dramatiques la *comedia*. Toutefois il faut attendre le xviiie siècle et Le Sage pour trouver en ce genre un digne pendant au *Cid,* on veut dire une œuvre de premier mérite, où la matière d'Espagne a été tranformée par le génie français au point de produire l'illusion d'une œuvre véritablement originale.

Même dans les milieux plus graves, où l'on fait montre d'érudition et de doctrine, l'Espagne a sa place ; quelques-uns de nos lettrés l'étudient par curiosité de savants qui veulent avoir des informations étendues et précises sur tout ce qui se pense et s'écrit.

Jean Chapelain est le type le plus complet de l'espagnolisant docte. Traducteur du *Guzman de Alfarache* au début de sa carrière, il avait déjà donné, dans ce travail dont il affectait de ne faire aucun cas, des preuves d'une connaissance solide de la langue et des mœurs d'Espagne ; cette traduction, d'un style raboteux mais expressif, et les notes qui y sont jointes instruiraient encore aujourd'hui les plus experts. Quelque trente ans après, en 1662 et 1663, l'auteur de la *Pucelle* entretint avec Carel de Sainte-Garde, attaché à l'ambassade de l'archevêque d'Embrun près la cour d'Espagne, une correspondance assez suivie. Il y apparaît comme le conseiller littéraire de ce diplomate, qui entendait profiter de son séjour à Madrid pour s'initier sérieusement aux choses du pays. Chapelain lui fait un petit cours de littérature, lui désigne les bons auteurs et, en échange de ses conseils, lui pose des questions bibliograhiques, lui demande des livres. On voit que le précepteur est bien renseigné, qu'il se tient au courant ; ses jugements, en général compétents, penchent du côté de la sévérité. Chapelain ne pardonne pas aux auteurs espagnols à la mode leur manque d'humanités, leur ignorance des Anciens.

« Il y a quarente ans que je suis éclairci que cette

brave nation, généralement parlant, n'a pas le goust des belles lettres et que c'est un prodige lorsqu'elle produit un sçavant entre mille avec quelque idée de la raison pour les compositions justes, quelque teinture des beaux-arts et quelque ombre de la sagesse des Anciens... Le feu et l'imagination ne leur manquent pas, mais c'est tout... Tout leur fait n'est qu'*agudezas* et en cela ils font consister tout le mérite d'un escrivain. Des langues anciennes, il ne se peut dire combien ils les entendent peu. Enfin je n'en excepte que quatre ou cinq d'entre eux qui en ont eu quelque teinture. Tout le reste ne sçait rien et fait vanité de ne rien sçavoir. Beaucoup moins ce phénix prétendu dont vous me parlés (Lope de Vega) et qui s'est jetté à toutes sortes de poësies, et qui a réussi en toutes également mal ».

Il est plus indulgent pour les historiens :

« Les Castillans font d'assés raisonnables narrations historiques et d'assés justes consultations politiques. Leur Herrera, leur Cabrera, leur Sandoval, leur Gomara se peuvent lire mesme pour la langue, car pour leur Zurita et leur Garibai, ce sont de bons greffiers, de bons compilateurs, mais non pas de bons historiens comme nous les désirons... J'excepte toujours leur Mariana qui est un maistre escrivain et presque leur seule gloire en ce genre ».

Il goûte encore Góngora, dans le genre burlesque, celui où il a « le plus excellé »; il fait quelque cas aussi d'un poète assez ignoré, Gerónimo Cáncer, « bel esprit et dont « les poësies vrayment espagnoles, comme les

« *coplas*, les *endechas*, ont assurément leur
« prix ». Dans l'ordre politique et économique,
Chapelain pense un peu comme deux siècles
plus tôt Robert Gaguin ; il est frappé de la
stérilité de l'Espagne, il l'est surtout de son
dépeuplement, causé soit par les découvertes
et les conquêtes au nouveau monde, soit par
les guerres européennes et l'entretien de nombreux soldats ou fonctionnaires dans les divers états rattachés à la monarchie espagnole.
Toutes choses dont ne souffre pas notre pays,
qui, « renfermé en luy mesme et populeux jus-
« qu'à l'excès, n'est pas sujet aux mesmes incon-
« véniens et, au lieu de souffrir par la disette,
« ne souffre d'ordinaire que par l'abondance »[1].

Chapelain mérite encore qu'on le cite ici
pour sa collaboration à la grammaire espagnole de Port-Royal, qui devait remplacer si
avantageusement les travaux des Salazar et des
Oudin, auxquels faisaient absolument défaut
la culture supérieure et les bonnes humanités
de Lancelot. La *Nouvelle méthode espagnole*
parut en 1660, peu après le second mariage
espagnol ; elle est dédiée à Marie-Thérèse.
A ce moment il y eut en France une recru-

---

1. *Lettres de Jean Chapelain*, publ. par M. Tamizey de Larroque, Paris, 1883, t. II, p. 204, 255, 269, 295 et 318.

descence passagère du goût espagnol ; l'arrivée de la fille de Philippe IV devait être un prétexte à rapprendre l'espagnol qu'on avait un peu oublié depuis le temps de la reine Anne. Lancelot en profita. « Ces deux lan-
« gues, dit-il de l'espagnol et du français, sont
« aujourd'huy les plus estimées des honnestes
« gens..... La joye où est maintenant la
« France de se voir unie avec l'Espagne par
« le lien d'une paix si longtemps souhaitée et
« si heureusement conclue, nous fait espérer
« que le mélange qui se fera à la cour des
« deux nations donnera moyen aux Français
« de s'instruire plus parfaitement dans la dé-
« licatesse de cette belle langue[1] ».

A côté de Chapelain et de Lancelot, dans ce même groupe d'érudits voués à l'étude de la langue et de la littérature d'Espagne, se place encore le père Bouhours, dont *La Manière de bien penser dans les ouvrages d'esprit* (1687) est pleine de citations d'auteurs espagnols. Il y admire surtout Mariana, « qui a
« écrit si poliment et si purement l'Histoire
« d'Espagne en latin et en espagnol », Gracian,

1. *Nouvelle méthode pour apprendre facilement et en peu de temps la langue espagnole.* Paris, 1660. La dédicace à la Reine est signée *de Trigny*, pseudonyme de Claude Lancelot.

inventeur et législateur du *conceptisme,* le « sublime Gracian », comme il le nomme, l'un des écrivains espagnols du xvii° siècle qui réussirent le mieux en France dans la version très apostillée d'Amelot de la Houssaie. C'est Bouhours qui nous a conservé une plaisante anecdote, bien trouvée si elle n'est pas vraie, touchant Lope de Vega. Interrogé sur le sens d'un de ses sonnets par l'évêque de Belley, Jean-Pierre Camus, le poète espagnol, sans le moins du monde s'offenser de la question, « ayant leû et releû plusieurs fois
« son sonnet, avoüa sincèrement qu'il ne l'en-
« tendoit pas luy mesme ». C'est Bouhours aussi qui a recueilli cette belle parole du comte de Fuensaldaña sur Louis XIV. Voulant marquer à quel point le mérite personnel tenait lieu de tout au grand roi et le dispensait de la royauté, le grave Espagnol laissa tomber ces mots : *le sobra ser rey,* ce qui signifie : « il
« n'a que faire d'être roi ; il est roi par-dessus le marché [1] ».

Les érudits nous conduisent aux voyageurs, et par voyageurs il faut entendre, moins des gens de qualité voyageant pour leur instruc-

1. *La manière de bien penser dans les ouvrages d'esprit,* Paris, 1687, p. 183, 243, 357 et 111.

tion ou leur plaisir, — ils étaient rares à cette époque — que des ministres ou des diplomates et les fonctionnaires de tout ordre qui forment leur entourage. Les grandes négociations entre la France et l'Espagne au XVII° siècle, mariages, traités de paix, alliances, obligent continuellement des Français de marque, grands seigneurs ou grands prélats, à séjourner plus ou moins de temps en Espagne. Ces Français-là ou des personnes de leur suite observent ce qui se passe autour d'eux, notent ce qu'ils voient et croient comprendre du pays où ils ont à défendre les intérêts de leur maître. Quelques-uns, sortant un peu de leur rôle de diplomates, écrivent pour leurs amis et les curieux de France des relations, des mémoires pleins de détails piquants. Ces lettres circulent, ces mémoires se prêtent, et un libraire quelconque finit par les imprimer; aussi le « Voyage d'Espagne » devient-il presque un genre littéraire.

Les dangers et les petites misères que le voyageur français avait à endurer, dès qu'il avait passé les *ports* des Pyrénées, la sauvagerie des habitants qu'il rencontrait sur sa route, les accidents d'une nature âpre et violente, si éloignée de la douceur de la nôtre, l'étrangeté de certaines coutumes que nos

Français raillent un peu vite sans en comprendre assez l'origine et les nécessités, la vie à Madrid, les cérémonies de la cour, les *traitements,* les préséances, détails importants à cette époque où un roi partait en guerre pour un tabouret mal placé, les particularités de chaque province, les splendeurs mieux conservées alors qu'aujourd'hui de l'Espagne arabe, etc.; tout cela formait un ensemble fort attrayant.

Dire que ces voyageurs nous ont exactement représenté l'Espagne telle qu'elle était, serait quelque peu risqué. Nous les avons sans doute trop crus sur parole, et tels de nos essayistes célèbres, plus amoureux de couleur locale que de vérité historique, ont abusé de leurs narrations. Au contraire, les Espagnols les ont trop calomniées; quoique ceux de nos voisins qui connaissent leur histoire admettent bien, en gros, la véracité de ces récits de voyage[1]. Bref, il y a beaucoup plus à y prendre qu'à y laisser; mais il est bon de s'entourer de quelques précautions et de ne tenir pour avéré que ce qui peut être directement ou indirectement contrôlé par le témoignage des indigènes. L'étranger voit mieux

---

1. A. Cánovas del Castillo, *Artes y letras*, Madrid, 1887, p. 158.

certaines choses, mais il ne voit pas tout ; aisément il prend l'exception pour la règle et est enclin à déduire d'un cas particulier des conséquences trop générales. Ces réserves faites, on doit recommander les notes de ces voyageurs comme la meilleure introduction qui se puisse trouver à l'étude des livres espagnols du xvii° siècle, si hérissés de difficultés de tout genre et qui rebutent par leur goût si prononcé de terroir. Seulement, il ne faut demander à chacun que ce qu'il est en mesure de donner ; chacun de ces voyageurs a sa compétence spéciale.

Au conseiller Bertaut[1], attaché à l'ambassade du maréchal de Grammont qui allait en Espagne « pour le mariage », celui de Louis XIV avec Marie Thérèse, on demandera plutôt des notions sur la forme du gouvernement, les institutions politiques, certains usages ou traits de mœurs, que, par sa situation d'agent diplomatique, il a pu étudier à loisir, ou bien, à l'occasion, quelques « entrevues »

---

1. François Bertaut était frère de Mme de Motteville. De Madrid, le 21 octobre 1659, il adressa à sa sœur une lettre, dont le contenu répond exactement aux pages 22 à 36 de son *Journal du voyage d'Espagne*. La lettre en question a été insérée dans les *Mémoires* de Mme de Motteville (éd. Michaud et Poujoulat, p. 482).

avec des personnages célèbres. Citons-en une assez curieuse que ce conseiller eut à Valladolid avec le fameux jésuite Escobar :

« J'allay voir le Pere Escobar, que j'entretins longtemps sur la Theologie Morale, qui a fait tant de bruit. Il s'étonnoit qu'on s'en formalisoit en France, disant que ce n'estoient pas ses opinions qu'il avoit mises dans ce livre, mais celles de tous les casuistes d'Espagne et d'Italie. Il me parut un fort bon homme, âgé environ de cinquante-quatre à cinquante-cinq ans. Je disputay contre luy sur la question de l'homicide et des autres qui sont dans les Lettres du Provincial, et il ne me rendit point d'autres raisons de ses maximes, sinon qu'il y avoit des docteurs encore plus relaschez que luy. Comme il n'avoit pas veu ces Lettres dont je viens de parler, je luy promis de luy en envoyer de France et de parler aux libraires de Lyon qui impriment ses œuvres et dont il n'estoit pas satisfait ; car il n'y a point d'imprimeurs en Espagne assez forts pour entreprendre de grands ouvrages, qu'ils envoyent tous imprimer à Lyon ou à Anvers. Il me dit qu'ils luy imprimoient huit tomes in-folio de sa Theologie Morale, et que ce que l'on en avoit veu n'estoit qu'une petite Somme qui ne contenoit pas ses opinions, mais celles des autres ; qu'il avoit fait aussi six volumes sur la Sainte Escriture, et qu'il avoit fait marché à cent écus pour chaque volume. Je fus tout étonné que cet homme qui fait tant de bruit en France en fist si peu en son pays, où à peine le connoist-on[1]. »

1. *Journal du voyage d'Espagne, contenant une description fort exacte de ses royaumes et de ses principales villes*, Paris, 1669, p. 194.

Voilà un Escobar bien bonhomme en effet, très différent, on le voit, de celui qui, depuis Pascal, a cours en France, où ce nom est devenu synonyme d'homme fourbe, qui use de rélicences et de faux-fuyants. Et n'est-il pas intéressant aussi de constater par un aveu, dont la sincérité ne saurait être suspectée, combien l'Espagne était alors hermétiquement fermée à toute idée exotique ? Cet Escobar, dont alors, en 1660, la France entière sait le nom, n'a jamais entendu parler des *Provinciales,* parues trois ans auparavant et où sa doctrine fait presque tous les frais du persiflage de Pascal ? Avec un flegme admirable et que ne trouble nullement l'annonce d'un livre où il est si vivement pris à partie, il ne pense qu'à continuer sa *Théologie morale* en huit volumes in-folio, et, quand il cause avec un Français, c'est pour obtenir de lui qu'il recommande ses ouvrages aux libraires de Lyon !

D'un autre auteur célèbre, Pedro Calderon de la Barca, le conseiller Bertaut — qui lui rendit visite au mois de décembre 1659 — ne nous dit que quelques mots médiocrement flatteurs. « A sa conversation je vis qu'il ne
« sçavoit pas grand'chose, quoy qu'il soit déjà
« tout blanc. Nous disputasmes un peu sur
« les règles de la Dramatique, qu'ils ne

« connoissent point en ce pays là, et dont ils se
« moquent ». Prévenus contre le théâtre espagnol par leur éducation et par ce qu'ils avaient
pu voir de ce théâtre en France, où les comédiens espagnols appelés par les reines
Anne et Marie-Thérèse n'eurent jamais aucun
succès, nos Français n'étaient pas en état de
sentir les beautés réelles du drame caldéronien, de faire abstraction des défauts de style
et de composition pour s'attacher seulement
aux trouvailles ingénieuses, aux idées élevées
ou profondes de ces drames espagnols.

A la femme voyageuse, à la comtesse d'Aulnoy[1], ou bien à la marquise de Villars[2] dont
les lettres, charmantes de naturel et de finesse,
pourraient être signées souvent par Mme de
Sévigné, on demandera, par exemple, de
nous transporter dans l'intimité de la femme
espagnole, autant du moins que les mœurs
encore à demi orientales du pays permettent
même aux autres femmes de s'y introduire;
on lui demandera de nous expliquer les détails de la vie domestique ou mondaine, les

---

1. *Relation du voyage d'Espagne*, Paris, 1691, 3 vol. La nouvelle édition donnée par Mme Carey (Paris, 1874) est peu correcte.
2. *Lettres de Madame de Villars à Madame de Coulanges*, nouvelle édition par A. Courtois, Paris, 1868.

galanteries du Palais. Mme d'Aulnoy a enlevé quelque crédit à ses impressions de voyage par sa fâcheuse manie de mêler au récit de choses vues et vécues des fantaisies romanesques, qui ont pu plaire aux contemporains mais qui maintenant nous ennuient fort et nous gâtent le livre. On n'est pas impunément auteur de contes de fées. Ici donc il convient de se tenir plus en garde contre certains débordements d'imagination, de lire entre les lignes et de ramener certaines peintures trop vives et trop chargées à un ton plus discret.

D'autres voyageurs ont d'autres curiosités. Tel scrute les bas-fonds de la société, tel recherche les divertissements et les fêtes, combats de taureaux, prestation du serment de fidélité aux héritiers de la couronne, l'une des plus imposantes cérémonies royales, et, en même temps, pour pénétrer plus avant dans l'âme du pays, accumule des notes « sur « les proverbes, les mœurs, les maximes et « le génie de la nation espagnole », comme l'auteur de *Mémoires curieux envoyés de Madrid* et imprimés en 1670, qui doit être Carel de Sainte-Garde, ce diplomate correspondant de Chapelain[1].

---

1. Voir l'Appendice II.

Terminons le xviie siècle par un écrivain illustre, que la nature de ses œuvres et sa carrière rattachent immédiatement aux diplomates dont il vient d'être parlé.

Saint-Simon, chronologiquement, appartient au siècle suivant; il est mort après Montesquieu, en 1755, et son ambassade d'Espagne date de 1721. Néanmoins, par toutes les tendances de son esprit, il est bien encore du xvii°, il en est surtout dans ce qui concerne l'Espagne. Sa manière de comprendre et de juger soit les institutions de ce pays soit le génie de ses habitants, ses interminables dissertations nobiliaires, ses minutieuses recherches sur l'étiquette et le cérémonial nous ramènent en arrière, à une époque où l'esprit philosophique n'avait pas encore renversé beaucoup d'idoles que Saint-Simon révère profondément.

Sans doute Saint-Simon n'admire pas tout de l'Espagne, — on ne pouvait attendre cela d'un tel homme, — mais il conserve encore une secrète sympathie pour les grandes allures de cette nation déchue. La morgue espagnole convenait au fond à ce hautain. Qu'on lise plutôt le long chapitre de ses *Mémoires* sur les grands et les titrés d'Espagne; là il est à son aise. Et comme il se plaît à inventorier ces beaux noms sonores, et comme il se délecte à expliquer et à suivre les généalogies des maisons de bonne marque! Il possède en outre un titre sérieux à la reconnaissance des Espagnols : la relation de son ambassade, bien plus qu'un document diplomatique, est l'histoire même de la cour de Philippe V pendant plusieurs années. Saint-Simon est le meilleur historien espagnol d'une époque extrêmement pauvre en livres et que nous connaîtrions mal sans lui. En un point cependant, cet attardé a été comme mordu par l'esprit nouveau ; on veut parler de son jugement sur l'Inquisition.

« Mais quels pays que ceux d'Inquisition !... l'Inquisition furette tout, s'alarme de tout, sévit sur tout avec la dernière attention et cruauté. Elle éteint toute instruction, tout fruit d'étude, toute liberté d'esprit, la plus religieuse même et la plus mesurée. Elle veut régner et dominer sur les esprits, elle veut régner et dominer sans mesure, encore moins sans contradiction, et sans même de plaintes ; elle veut une obéissance aveugle sans oser réfléchir ni raisonner sur rien, par conséquent elle abhorre toute lumière, toute science, tout usage de son esprit ; elle ne veut que l'ignorance, et l'ignorance la plus grossière ; la stupidité dans les chrétiens est sa qualité favorite et celle qu'elle s'applique le plus soigneusement d'établir partout, comme la plus sûre voie du salut, la plus essentielle, parce qu'elle est le fondement le plus solide de son règne et de la tranquillité de sa domination [1] ».

1. *Mémoires*, éd. Chéruel, t. XVIII, p. 179.

La tirade est éloquente et d'un libéralisme très orthodoxe, mais qui voudrait souscrire à ce jugement si absolu, à un tel crescendo d'invectives contre une institution qui a eu sa raison d'être à une époque et dans un pays déterminés? Il est vraiment trop commode et fort déclamatoire de condamner ainsi sans réserve, sans tenir compte du lieu et du temps, tout un système qu'il n'est pas donné à chacun d'étudier dans ses origines et de suivre dans son développement. La question n'est pas du tout de savoir si la tolérance religieuse est en soi bonne ou mauvaise, mais si l'Espagne, à un certain moment de son histoire, a été obligée d'instituer le fameux tribunal pour parer à de plus grands maux, et si, en ne l'instituant pas, elle les eût évités; si elle eût, sans l'Inquisition, retardé sa décadence. A cela on ne répond pas par un morceau de bravoure. Et puis était-ce bien à Saint-Simon, à un contemporain de Louis XIV, qu'il appartenait de s'élever en termes si durs contre l'intolérance en matière de foi? Les Protestants comme les Jansénistes français venaient cependant d'éprouver à leurs dépens, et cruellement, que penser par soi-même, croire selon sa conscience n'était guère en France chose plus aisée qu'en Espagne.

Au xviiie siècle, deux courants, deux écoles. D'un côté les littérateurs proprement dits, ceux qui écrivent surtout pour amuser, s'adressent encore à l'Espagne, où la mine n'a pas été épuisée par les romanciers et les dramaturges de l'âge précédent; ils y cherchent et ils y trouvent ce qui leur manque le plus: l'imagination, des sujets, qu'ils plient à nos mœurs, accommodent à la française. De l'autre côté, les philosophes. A leur avis, l'Espagne, pays du fanatisme et de l'ignorance, opprobre des nations civilisés, ne mérite que le dédain ; aussi la maltraitent-ils impitoyablement.

Occupons-nous d'abord des premiers. Un nom domine ce groupe, celui, bien entendu, de Le Sage. Le public qui lit sait en gros ce que Le Sage doit à l'Espagne et comment il a interprété l'Espagne chez nous. Tout cependant n'est point éclairci et la question de *Gil Blas*, malgré tant d'encre dépensée, n'a pas dit son dernier mot, cela par la faute surtout de l'auteur du livre, qui n'a pas indiqué ses emprunts, comme un siècle plus tôt Corneille l'avait fait ingénûment.

Les Espagnols, sans doute, — ceux qui ont du bon sens et quelque instruction, — ne traiteront plus Le Sage de simple plagiaire et ne chercheront plus, « pour restituer Gil Blas

« à leur patrie », le fameux et introuvable manuscrit dont notre roman ne serait qu'une traduction libre. Mais que *Gil Blas* soit fait en partie de pièces et de morceaux espagnols, c'est ce qui n'est pas moins sûr, encore bien que tous n'aient pas été jusqu'ici découverts. D'autres lui appartiennent en propre, certainement, et ce ne sont pas les plus mauvais. Où se cache donc l'original espagnol des « homélies de l'archevêque de Grenade »? On ne serait pas fâché de le savoir. Et quand bien même l'invention chez Le Sage se réduirait à rien, qu'importe ? Il faudra toujours lui reconnaître le mérite de l'agencement de ces membres épars, la qualité du style, le tour si aisé de la langue, appréciables surtout lorsqu'on rapproche *Gil Blas* de ses sources. Le Sage a dépouillé de ses scories le roman picaresque, il lui a enlevé ses loques sordides pour le revêtir d'un galant habit à la française[1].

Au reste, on n'a pas ici à juger le talent littéraire de Le Sage, mais seulement à se demander avec quelle exactitude cet auteur nous

---

1. Sur Le Sage, voyez la judicieuse étude de M. F. Brunetière, *Études critiques sur l'histoire de la littérature française. Troisième série*, Paris, 1887, p. 63 à 120.

a rendu l'Espagne qu'il entendait peindre, celle de la première moitié du xvii° siècle, l'Espagne des Lerma et des Olivares. Assurément nous serions mal venus de contester la fidélité des tableaux de *Gil Blas* et la ressemblance de ses portraits, puisque les Espagnols eux-mêmes les proclament et en sont si persuadés qu'ils ont, à cause de cela précisément, revendiqué la paternité du livre. Ne nous montrons donc pas plus sévères que ceux qui sont les meilleurs juges dans leur propre cause. Si cependant il était permis de risquer une opinion, on ferait observer que l'Espagne de Le Sage semble, sinon plus belle que nature, au moins plus aimable ; dans le caractère du héros, comme chez les autres personnages du roman, on démêle quelque chose qui n'est pas encore de la sensiblerie, — nous ne sommes pas à la fin ni même au milieu du siècle — mais qui y confine, et ce quelque chose n'est pas espagnol du tout. Il y a dans le tempérament espagnol des côtés durs, abrupts, que Le Sage n'a pas aperçus ou qu'il a volontairement atténués et adoucis.

Le Sage, qui se partageait entre le théâtre et le roman, a tenu aussi à montrer, avant de composer *Gil Blas*, ce que son talent d'arrangeur saurait faire du drame espagnol. De là un recueil formé, à son avis, des « meilleures « comédies des plus fameux auteurs espagnols « traduites en françois[1] ». Le choix eût pu être plus heureux, mais il n'y a rien à reprendre au système de traduction ou plutôt d'accommodation :

« Je ne me suis pas fait une religion de traduire à la lettre ; les Espagnols ont des façons de parler que l'on ne me blâmera pas d'avoir changées. Tantost ce sont des figures outrées, qui font un galimatias des termes pompeux de ciel, de soleil et d'aurore ; et tantost ce sont des saillies du Capitan Matamore, des mouvements rodomonts, qui ne laissent pas veritablement d'avoir de la grandeur et de la force, mais qui sont trop opposés à nos usages pour pouvoir être goûtés des François. J'ay donc adouci tout ce qui m'a paru trop rude ; mais je n'ay pas travesti mes acteurs à la Françoise, comme de celebres auteurs qui en ont fait des Eraste et des Clitandre dans quelques pieces espagnoles qui ont esté representées sur notre Theatre. J'en ay fait des Rodrigue et des D. Diegue, qu'on reconnoîtra toujours à leur maniere de penser et de parler, pour estre nez sous un autre ciel que le nostre. »

Parfaitement pensé. Nul n'a mieux vu ni dit ce qui peut être sauvé de la *comedia* espagnole dans une version française. Remanier le style, garder les mœurs : voilà la recette.

---

1. *Le théâtre espagnol*, etc. Paris, 1700. Le recueil est anonyme.

Que ne l'a-t-on suivie, au lieu de s'astreindre à des traductions littérales qui fatiguent et dégoûtent le lecteur, bien loin de le gagner à l'étude des originaux.

Une autre Espagne, dont on n'a pas parlé encore et qui avait cours déjà dans notre littérature du xviie siècle, est l'Espagne arabe, non pas celle du haut moyen âge, trop rude et trop sauvage pour plaire à notre société polie, mais celle des derniers temps de Grenade, l'Espagne des rivalités et galanteries des Zegris et des Abencerrages. Cette Espagne-là relève en grande partie d'un livre charmant de la fin du xvie siècle, les *Guerres civiles de Grenade*, de Ginés Perez de Hita. Tout autant que l'*Amadis*, ce roman historique, car c'est le nom qui convient le mieux à l'œuvre de Hita, a servi de modèle à nos romans héroïco-galants de la fin du xviie siècle : l'*Almahide* de Melle de Scudéry (1660), la *Zayde* de Mme de Lafayette (1670), pour ne citer que les plus connus, ne sont guère que des variations sur le thème du vieux conteur espagnol[1].

Cette chevalerie raffinée, aux sentiments

---

1. Ph. H. Körting, *Geschichte des französischen Romans im XVII Jahrhundert*, Leipzig, 1885, t. I, p. 443 et 474.

galants et tendres, plut encore au siècle suivant et même au nôtre ; elle se continue dans une série de nouvelles, dont on peut chercher les titres, rien que les titres, dans la *Bibliothèque universelle des romans;* c'est toute l'attention que méritent ces insipides délayages. On ne se souvient plus aujourd'hui que du *Gonzalve de Cordoue* de Florian, ce bon Florian qui, naïvement, abrège le *Don Quichotte* sous prétexte d'en effacer les taches ; on lit encore le *Dernier Abencerage*, dernier rejeton de cette famille, à tous égards. Comme une lumière sur le point de s'éteindre et qui brille quelques secondes d'un incomparable éclat, le roman grenadin, ravivé un instant par le génie de Châteaubriand, est retombé après lui dans le gouffre profond des genres à jamais démodés.

Revenons maintenant aux philosophes. Ce n'est pas d'eux que nous avons à attendre ni une vraie connaissance de l'Espagne ni des vues justes sur les hommes et les choses de la nation voisine. Détracteurs systématiques, le plus souvent très superficiels et même très ignorants, ils frappent sur la pauvre Espagne à coups redoublés. Rien de ce pays ne trouve grâce à leurs yeux : ni les lettres, ni les sciences, ni les arts, ni le commerce ou l'industrie, qui n'y sauraient prospérer, toujours et bien entendu pour cause d'Inquisition, de prêtres et de moines.

Ces jugements, où se niche, il est vrai, çà et là quelque parcelle de vérité, ont eu un effet désastreux. Absolus comme des axiomes, prononcés d'un petit ton bref et qui n'admet pas de réplique, revêtus souvent de la forme la plus légère et la plus spirituelle, ils ont fait fortune, ils ont été accueillis avec empressement par la grande masse du public qui n'aime pas à penser et veut des idées toutes faites, des expressions piquantes ou des images pittoresques qui lui résument ce qu'il n'a cure d'approfondir.

Il n'est pas très commode d'avoir raison contre Montesquieu et Voltaire ; d'habitude les rieurs se mettent de leur côté. On réfute avec plus ou moins de chances de succès un gros livre, on ne réfute pas une lettre persane. Or, nos philosophes ont crayonné en quelques traits une Espagne et des Espagnols qui, aujourd'hui encore, nous obsèdent et dont nous avons de la peine à nous défaire. Au nom d'Espagnol, impossible à un Français, quel qu'il soit, de ne pas voir tout d'abord un homme armé d'une guitare, se chauffant au soleil ou fredonnant sous la grille d'une fenêtre. On ne nous ôtera pas facilement cet Espagnol-là de la tête. C'est la faute de Montesquieu. Comment oublier ces petites phrases acérées et moqueuses, qui, une fois logées dans la mémoire, n'en sortent plus :

« Ils sont les premiers hommes du monde pour mourir de langueur sous la fenêtre de leurs maîtresses, et tout Espagnol qui n'est pas enrhumé ne saurait passer pour galant. Ils sont premièrement dévots, et secondement jaloux. Ils se garderont bien d'exposer leurs femmes aux entreprises d'un soldat criblé de coups, ou d'un magistrat décrépit ; mais ils les enfermeront avec un novice fervent qui baisse les yeux, ou un robuste franciscain qui les élève... Les Espagnols qu'on ne brûle pas paraissent si attachés à l'inquisition qu'il y aurait de la mauvaise humeur de la leur ôter... Vous pourrez trouver de l'esprit et du bon sens chez les Espagnols ; mais n'en cherchez point dans leurs livres. Voyez une de leurs bibliothèques, les romans d'un côté et les scolastiques de l'autre : vous diriez que les parties en ont été faites et le tout rassemblé par quelque ennemi secret de la raison humaine.

« Le seul de leurs livres qui soit bon est celui qui a fait voir le ridicule de tous les autres [1] ».

Tel qu'il a été fixé par ce léger burin, le type espagnol de Montesquieu résistera à tout en France ; il ne lui manquera que d'être complété plus tard par celui dont nos romantiques

---

1. *Lettres persanes*, n° LXXVIII.

ont tiré si bon parti : la femme espagnole avec son poignard passé dans sa jarretière.

Voltaire est tout aussi méprisant, mais avec moins de grâce. Il se sert déjà de lieux communs : *la saine philosophie*. Intolérable, ce pays où « la saine philosophie fut toujours « ignorée ». Suit la ritournelle sur l'Inquisition :

« L'Inquisition et la superstition y perpétuèrent les erreurs scolastiques, les mathématiques y furent peu cultivées, et les Espagnols, dans leurs guerres, employèrent toujours des ingénieurs italiens. »

Puis, la femme et la guitare :

« Les femmes, presque aussi renfermées qu'en Afrique, comparant cet esclavage avec la liberté de la France, en étaient plus malheureuses. Cette contrainte avait perfectionné un art ignoré chez nous, celui de parler avec les doigts : un amant ne s'expliquait pas autrement sous les fenêtres de sa maîtresse, qui ouvrait en ce moment-là ces petites grilles de bois nommées jalousies, tenant lieu de vitres, pour lui répondre dans la même langue. *Tout le monde jouait de la guitare*, et la tristesse n'en était pas moins répandue sur la face de l'Espagne. Les pratiques de dévotion tenaient lieu d'occupation à des citoyens désœuvrés[1] ».

Voltaire cependant avait eu, entre autres, une belle occasion de s'occuper sérieusement

---

1. *Essais sur les mœurs*, ch. 177.

de l'Espagne. Commentateur de Corneille et, par là, contraint de s'enquérir des origines littéraires de son auteur, il s'était mis en relation avec un savant considérable et qui jouit partout d'un bon renom, Gregorio Mayans. Il n'en profita nullement pour s'éclairer sur un pays dont il parlait si souvent et qu'il connaissait si mal ; il n'en profita même pas pour tirer au clair la question des emprunts de Corneille. Un professeur très distingué de notre université a montré avec quelle étourderie et quel sans-gêne Voltaire a disserté sur les sources de l'*Héraclius* et du *Cid*[1]. Aux renseignements bibliographiques que lui communique Mayans, il répond sur un ton d'impertinence rare :

« Monsieur, je ne vous écris pas en chaldéen, parce que je ne le sais pas ; ni en latin, quoique je ne l'aie pas oublié ; ni en espagnol, quoique je l'aie appris pour vous plaire ; mais en français, que vous entendez très bien, parce que je suis obligé de dicter ma lettre, étant très malade... Entre nous, je pense que Corneille a puisé tout le sujet d'Héraclius dans Caldéron. Ce Caldéron me parait une tête si chaude (sauf respect), si extravagante, et quelquefois si sublime, qu'il est im-

1. Ep. Viguier, *Anecdotes littéraires sur Pierre Corneille*, dans *Fragments et correspondance*, Paris, 1875, p. 32 et suiv.

possible que ce ne soit pas la nature pure. Corneille a mis dans les règles ce que l'autre a inventé hors des règles ».

Remarquons ici qu'il est maintenant avéré que Corneille n'a pas imité la pièce espagnole de Calderon. Et Voltaire termine ainsi :

« Votre lettre est aussi pleine de grâce que d'érudition. Si vous voulez faire passer quelque instruction de votre voisinage de l'Afrique à mon voisinage des Alpes, je vous aurai beaucoup d'obligation [1] ».

Au moins ceux-là avaient-ils de l'esprit à revendre. Mais que dire des encyclopédistes? Tout aussi malveillants et mal renseignés, ils sont de plus lourds et plats.

De l'article *Espagne* de la grande *Encyclopédie,* on peut s'abstenir de parler, parce qu'il est trop insignifiant et trop bref. Le principal factum de l'école s'étale ailleurs, dans l'*Encyclopédie méthodique*[2], sous la signature d'un Masson de Morvilliers, aussi ignoré en France qu'il est célèbre en Espagne ; son nom est devenu là-bas synonyme de détracteur, on y traite de *M. Masson* quiconque dénigre et rabaisse les institutions nationales. L'article

---

1. Voltaire, *OEuvres complètes*, éd. Garnier, t. XLII, p. 136. La lettre à Mayans est du 15 juin 1762.
2. *Géographie moderne*, t. I (Paris, 1782), p. 554 à 568.

de Masson n'est qu'une très indigeste compilation, où se détache cette phrase qui a retenti comme un soufflet sur la joue de milliers d'Espagnols jaloux de leurs gloires : « Mais que doit-on à l'Espagne ? Et depuis deux siècles, depuis quatre, depuis dix, qu'a-t-elle fait pour l'Europe ? » On a répondu longuement et doctement sur l'autre versant des Pyrénées à l'incartade du nommé Masson ; mais la phrase malheureuse n'a pas été oubliée. Il arrive encore à des Espagnols chauvins de nous la resservir, de la placer en vedette dans leurs écrits ou leurs discours, quand ils ont à nous reprocher — et cela est fréquent — un gros péché d'ignorance ou de légèreté à leur endroit[1].

Aux libelles de ces détracteurs, on aime à pouvoir opposer quelques travaux solides, quelques publications méritoires d'écrivains zélés qui ont à cœur de nous renseigner exactement sur l'Espagne. L'*Etat présent de l'Espagne* de l'abbé de Vayrac (1718) est un livre consciencieux, un bon manuel toujours utile

---

1. L'article de Masson fit un tel tapage en Espagne que le gouvernement espagnol crut devoir réclamer du nôtre une réparation. Voir les détails de l'affaire dans Bourgoing, *Tableau de l'Espagne moderne, seconde édition*, t. I (Paris, 1797), p. 284.

à consulter sur l'économie politique, l'organisation du gouvernement, l'histoire des familles nobles ; justice lui a été rendue par les Espagnols eux-mêmes [1].

Plus tard, en 1774, une revue, intitulée *L'Espagne littéraire,* se charge de tenir notre public au courant de ce qui se publie d'important en Espagne, des travaux des académies, etc., d'enseigner en un mot aux Français l'intérieur d'un pays « peut-être moins « connu, même de ses voisins, que l'intérieur « de la Chine », dit l'éditeur de cette gazette. *L'Espagne littéraire,* due à la collaboration d'écrivains des deux pays et dont l'existence fut d'ailleurs éphémère, rendit quelques services ; elle montra à la France que tout n'était pas fanatisme et ignorance dans l'Espagne de Charles III et que M. d'Aranda, grand ami de Voltaire et son fournisseur attitré de vins d'Espagne, n'était pas seul de sa nation à jouir des bienfaits de la saine philosophie.

Œuvre d'un esprit exact et modéré, le *Tableau de l'Espagne moderne* de J. Fr. Bourgoing, dont la première édition date de 1789, renferme beaucoup de bonnes parties ; il fut

---

1. Sempere y Guarinos, *Ensayo de una biblioteca española,* t. I (Madrid, 1785), p. 3.

bien accueilli en Espagne et put y faire oublier une autre description, de quelques années antérieure, l'indécente plaisanterie du *Voyage de Figaro en Espagne* par le marquis de Langle (1784).

On ne saurait certes plus agréablement prendre congé du xviii° siècle qu'en compagnie de Beaumarchais. Les espagnolisants de France ont le droit de se réclamer de lui ; ne lui devons-nous pas les deux plus charmantes fantaisies dans le goût espagnol que possède notre littérature ?

Mais est-ce bien là de l'Espagne ? Beaumarchais, pendant le séjour qu'il fit à Madrid pour les causes que l'on connaît, trouva le temps de s'initier au théâtre espagnol, non pas au théâtre sérieux qu'il déclare détestable, mais aux pièces légères, aux intermèdes, qui alors se jouaient volontiers dans les entr'actes de la pièce principale. « La chaleur, dit-il, la « gaieté des intermèdes, tout en musique, « dont ils coupent les actes ennuyeux de leurs « drames insipides, dédommagent très sou- « vent de l'ennui qu'on a essuyé de les en- « tendre[1]. » De ces *sainetes,* qu'il goûtait donc,

---

[1]. Lettre écrite de Madrid, le 24 décembre 1764, au duc

il a pu se souvenir quand il écrivit et le *Barbier de Séville* et le *Mariage de Figaro*. Une influence lointaine, à peine saisissable, voilà ce que l'Espagne pourrait réclamer dans le théâtre de Beaumarchais. Le costume et les mœurs — quoique l'auteur dise lui-même qu'il fait « cri- « tiquer des *usages français* par un plaisant de « Séville » — ont bien aussi quelque chose d'espagnol, de cette Espagne licencieuse de la fin du xviiie siècle, dont les *sainetes* de Ramon de la Cruz nous donnent la vraie note. Il y a comme répandu dans ces deux pièces un léger parfum exotique qui leur prête un charme indéfinissable.

Les Espagnols, qui, lorsqu'ils se mêlent d'être pédants, le sont avec extravagance, ont pris au sérieux l'Espagne de Beaumarchais, ont épluché ses pièces pour y relever des inexactitudes de faits et de noms. Il s'est trouvé parmi eux un sot, Garcia de la Huerta, pour déclarer solennellement qu'Almaviva ne figure pas au registre de la grandesse d'Espagne, — tant pis pour la grandesse, dirons-nous, car le nom est délicieux — ou bien que les barbiers de Séville n'ont jamais joué de la guitare qu'après sept heures du matin.

de la Vallière, publiée par L. de Loménie, *Beaumarchais et son temps,* Paris, 1856, t. I, p. 502.

Mettons qu'ils n'en jouent pas du tout et laissons à ses commentaires le pauvre homme qui trouvait « soporifique » la prose de Beaumarchais!

Chose curieuse, ce nom de *Figaro,* qui semble si castillan, ne l'est pas. Où Beaumarchais l'a-t-il pris? On l'ignore[1]. Mais l'Espagne, comme elle avait déjà prétendu faire pour *Gil Blas,* a repris ce qu'elle n'avait pas donné. De notre *Figaro,* elle a fait, avec une accentuation particulière, un *Fígaro,* et ce nom ainsi modifié fleurit, non seulement dans le monde des barbiers, mais même dans la littérature. C'est sous le pseudonyme de *Fígaro* qu'un célèbre écrivain de ce siècle-ci, Mariano José de Larra, a publié ses jolis articles humoristiques.

Beaumarchais — qui le croirait? — est encore le Français du xviiie siècle qui a peut-être le mieux pénétré le caractère espagnol, jugé avec le plus d'équité et d'intelligence le gouvernement et les institutions d'une nation si

---

1. La dérivation de *figura, figuron,* indiquée par de Loménie, est invraisemblable. Hartzenbusch prétend que *Figaro* est un nom catalan *(Figaró, Figueró),* qu'on aurait d'abord prononcé en Castille avec l'accent sur la dernière voyelle, comme en français, puis *Fígaro,* à l'imitation des Italiens qui en firent un *sdrucciolo* (R. M. Baralt, *Diccionario de galicismos,* 2e édition, Madrid, 1874, p xiv).

pitoyablement appréciée par la plupart de ses contemporains. Comme Châteaubriand, qui dira un peu plus tard des Espagnols : « On ne « remarque chez cette nation aucun de ces « airs serviles, aucun de ces tours de phrase « qui annoncent l'abjection des pensées et « la dégradation de l'âme; la langue du grand « seigneur et du paysan est la même, le salut « le même, les compliments, les habitudes, « les usages sont les mêmes[1] »; comme Th. Gautier, comme tout récemment encore M. Jules Simon, Beaumarchais a été frappé de l'esprit démocratique (au bon sens du mot) de cette société, où régnait cependant, dans l'ordre gouvernemental, l'absolutisme le plus complet : « Dans le haut état, dit-il, *il n'y a* « *pas d'autre considération que la personnelle;* « je ne m'aperçois pas que le rang en donne « à ceux qui n'ont ni crédit dans les affaires, ni « ce qu'on appelle qualités transcendantes. » Sur la question toujours controversée de l'Inquisition, il ne fulmine ni même ne raille :

« Cette terrible Inquisition, sur laquelle on jette feu et flamme, loin d'être un tribunal despotique et injuste, est, au contraire, le plus modéré des tribunaux par les sages précautions que Charles III, à pré-

---

1. *Les aventures du dernier Abencerage.*

sent régnant, a prises contre les abus dont on pouvoit avoir à se plaindre; il est composé non seulement de juges ecclésiastiques, mais aussi d'un conseil de séculiers, dont le roi est le premier des officiers; la plupart des grands de la première classe remplissent les autres places, et la plus grande modération résulte du combat perpétuel des opinions de tous ces juges, dont les intérêts sont diamétralement opposés[1]. »

Puis il ajoute :

« Les Espagnols nous reprochent avec raison nos lettres de cachet, dont l'abus leur paraît être la plus violente des inquisitions. »

Et, non content de redresser ainsi l'opinion courante sur l'Espagne, il fait directement la leçon à l'outrecuidance française :

« La prévention contre les usages étrangers est poussée à l'excès dans ce pays par le peuple, et beaucoup de gens distingués sont encore très peuple à cet égard ; nous sommes même les moins épargnés; *mais je ne puis disconvenir que le ton moqueur et tranchant de la plupart des Français qui viennent ici contribue beaucoup à entretenir cette espèce de haine : c'est l'aigreur qui paye la moquerie*[2]. »

Il était réconfortant à la fin de cette revue

---

1. Ce que Beaumarchais dit là de l'Inquisition, au XVIIIe siècle, est confirmé par Bourgoing, *Tableau de l'Espagne moderne*, Paris, 1797, t. I, p. 366.

2. Toutes ces citations sont empruntées à la lettre au duc de La Vallière, indiquée plus haut.

du xviiie siècle si hostile généralement à l'Espagne, si superficiel et présomptueux, de rencontrer enfin un jugement impartial, presque sympathique. La modération et la perspicacité de Beaumarchais vengent l'Espagne de beaucoup d'injustices.

La manie du xviiie siècle avait été la saine philosophie ; celle du nôtre sera, pendant un temps, la couleur locale.

Nos romantiques furent tout naturellement attirés par l'Espagne, qu'ils se figuraient plus chevaleresque, monacale, inquisitoriale, plus gothique, sombre et truculente qu'elle ne l'a jamais été, à aucune époque de son histoire. Ils s'y jetèrent, mais non pas, comme nos espagnolisants du xviie siècle, pour y exploiter le théâtre et le roman, s'y fournir de sujets ; leur procédé diffère. La plupart des romantiques, presque tous, ont profondément ignoré la littérature espagnole tant ancienne que moderne ; ce qu'ils ont pris à l'Espagne se réduit à des légendes, des noms, des costumes, en un mot, à de la couleur[1]. Si quel-

---

1. C'est aussi l'opinion du critique le plus avisé et le plus instruit que possède aujourd'hui l'Espagne, D. Juan Valera : « De España vino poco y de modo confuso. En el romanticismo alemán entró Calderón como factor importante ; en el francés casi nada. Cierta vaga idea de sus

ques-uns ont lu, il ne paraît pas douteux que leur curiosité d'artistes en quête de nouveautés et de sensations étranges ne les a pas mis aux prises avec les livres espagnols, mais simplement avec des traductions plus ou moins fidèles.

Sur la recommandation de Guillaume de Schlegel, ce champion si enthousiaste du théâtre espagnol ou plutôt de Calderon, qui, dans sa pensée, résume ce théâtre, on recommença en France, vers 1820, à traduire quelques drames de ce poète, de Lope de Vega et d'autres. Le médiocre choix donné par Angliviel de Labeaumelle, dans les *Chefs-d'œuvre des théâtres étrangers,* paraît être à peu près tout ce que notre nouvelle école a connu de la *comedia* des Espagnols.

D'autre part, on se prit d'un certain goût pour les romances historiques. A la fin du xviii° siècle déjà, un collaborateur de la *Bibliothèque universelle des romans* (1783) avait livré

---

dramas, limpia, sí, de tiquismiquis y culteranismo, pero exagerada y en caricatura por el lado del sentimiento, se entrevé en el *Teatro de Clara Gazul* y en el *Hernani* de Victor Hugo » (*Apuntes sobre el nuevo arte de escribir novelas,* Madrid, 1887, p. 158). Mais l'Espagne de Mérimée est bien différente de celle de Hugo ; nous essayons de l'établir plus bas.

au public français une version du *romancero* du Cid, assez habilement faite et dont il ne faut pas dire de mal, puisqu'elle est, comme on l'a montré, la source directe du *Cid* de Herder. Plus tard le bon Creuzé de Lesser mit au service de la même cause sa sensiblerie et son style troubadour[1]. Puis ce fut le tour de la traduction plus littérale d'Abel Hugo, l'ancien page du roi Joseph et l'un des très rares écrivains antérieurs à 1830 qui fussent en état de traduire correctement d'espagnol en français des textes faciles. Nous lui devons un petit recueil de *Romances historiques* (1822), dont son frère Victor ne s'est pas peu servi[2]. D'Abel Hugo il faut lire aussi de charmants récits de son séjour à Madrid, à la cour de Joseph, qui nous font revivre très agréablement parmi ces ralliés à la domination française, où figuraient des représentants de toutes les classes et jusqu'à des grands d'Espagne[3].

---

1. *Les romances du Cid imitées de l'espagnol. Nouvelle édition.* Paris, 1821. La 1re édition est de 1814.

2. Nous n'avons pas réussi à voir cette traduction que Damas-Hinard juge « digne d'une haute estime » (*Romancero général*, Paris, 1844).

3. *Souvenirs sur Joseph Bonaparte, roi d'Espagne* (*Revue des Deux-Mondes,* 1er et 15 avril 1833). Il y a d'Abel Hugo

Mais, puisqu'ils ne lisaient guère, avec quoi donc nos romantiques ont-ils broyé leur couleur locale espagnole? En général, avec des souvenirs de campagne ou de voyage.

Les soldats de Napoléon qui avaient combattu en Espagne, ceux-là surtout qui avaient subi l'affreuse captivité des pontons de Cadix ou des rochers de Cabrera[1], revinrent en France avec une ample provision d'impressions personnelles qui défraya longtemps la curiosité de notre public.

Témoins, à leur arrivée dans la Péninsule, de ce qui y subsistait encore des mœurs de l'ancien régime et des pratiques surannées de son gouvernement absolu, victimes bientôt, au cours de cette lutte terrible et de tous les instants, des traitements les plus sanguinaires, ces soldats voyaient surtout dans l'Espagne une nation entichée au dernier point de vieux usages et de coutumes locales, passionnée, cruelle et superstitieuse, et la dépeignaient comme telle, ce qui n'était pas pour déplaire à nos coloristes. Nulle part l'impres-

---

deux articles assez insignifiants sur Lope de Vega, dans le *Conservateur littéraire*, t. III (1820), p. 173 et 254.

1. Il faut lire, à ce sujet, les émouvants récits réunis par M. Lorédan Larchey : *Les suites d'une capitulation*. Paris, 1884.

sion que les Français de la Révolution reçurent au contact de cette société rococo, bigote et frivole dans les hautes classes, ignorante, fanatique et sauvage dans les couches inférieures n'est mieux rendue que dans ces relations militaires, et par exemple dans ces curieux *Mémoires sur la guerre d'Espagne* par « un apothicaire[1] », tableau le plus vivant et, malgré sa forme humoristique, le plus fidèle de ce qu'était l'Espagne de 1808 à 1814.

Il était facile de puiser à pleines mains dans ces souvenirs de campagne[2], et l'on n'y manqua pas. Le type espagnol qu'on y recueille et qu'on fait passer dans la littérature diffère déjà sensiblement de celui du xviiie siècle. Quelque chose reste de l'Espagnol à la guitare de Montesquieu et du *Barbier de Séville*, mais Figaro n'a plus le même accent de gaîté insouciante et sa veste de *majo* est parfois tachée de sang. A cette heure, la mode est aux couleurs noires, aux fantaisies macabres ; on ne raille plus, on ne cherche plus à divertir le public par des caricatures plaisantes de nos

1. Paris, 1828, 2 vol. in-8º.
2. Souvenirs que ravivèrent l'intervention et l'expédition françaises de 1823, conduites, il est vrai, dans un esprit diamétralement opposé à celui qui animait les soldats de Napoléon.

voisins; on veut l'étonner et l'effrayer par des descriptions violentes et sombres. A l'Espagne folâtre de Beaumarchais succède l'Espagne tragique de Mérimée.

En outre, il nous fallait du pittoresque, et, comme rien ne remplace la vue elle-même des choses, beaucoup y vont voir. Qui, parmi nos écrivains, poètes ou romanciers, n'a pas fait plus ou moins son voyage d'Espagne? Tous n'en ont pas rapporté ce qu'ils auraient dû. M. de Salvandy, pour n'en citer qu'un, eût aussi bien fait d'y laisser son *Don Alonso*, fadasse et interminable histoire, dont on a peine aujourd'hui à s'expliquer le succès. D'autres, heureusement, ont su y découvrir le levain du plus pur de leur talent, au premier rang celui dont le nom était prononcé tout à l'heure, Mérimée.

A chaque époque de notre histoire, le goût espagnol s'est éminemment incarné dans un écrivain. Au XVI° siècle, cet écrivain est Brantôme; au XVII°, Corneille; au XVIII°, Le Sage. Chacun dans son genre, ils sont les véritables porte-drapeau de l'espagnolisme en France. En conférant cet honneur à Mérimée, pour le XIX° siècle, on ne se trompera pas, croyons-nous, car personne n'a mis plus de vie et surtout plus de sincérité dans ses œuvres *espa-*

gnoles. Mais il importe de distinguer les temps et les manières.

La charmante mystification du *Théâtre de Clara Gazul* date de 1825 ; elle est antérieure de plusieurs années au premier voyage de Mérimée en Espagne, et, à la lire, même sans être un grand clerc, il est aisé de s'apercevoir que cette Espagne-là est faite de procédés fort ingénieux sans doute, mais purement littéraires, de butineries à travers les livres et les récits des voyageurs. Malgré l'adresse du pasticheur, l'esprit français y pétille et perce de tous les côtés l'enveloppe exotique. Puis la manie de pousser au noir y est aussi trop sensible et passe la mesure. Quand Mérimée connaîtra vraiment l'Espagne, il évitera ces excès de prétendue couleur locale et cédera aux Dumas et consorts, les poignards, les poisons et autres accessoires [1]. Néanmoins, que de traits du caractère espagnol sont bien entrevus et joliment dépeints dans ces petites

---

1. « Vers l'an de grâce 1827, j'étais romantique. Nous disions aux classiques : « Point de salut sans *couleur lo-* « *cale*. » Nous entendions par couleur locale ce qu'au XVIIe siècle on appelait les *mœurs;* mais nous étions très fiers de notre mot, et nous pensions avoir imaginé le mot et la chose. » (*Lettres à une inconnue*, Paris, t. I, p. XXI.)

pièces ! Qui en douterait n'a qu'à relire *L'occasion.*

La seconde manière espagnole de l'auteur de *Colomba,* qui procède d'une connaissance directe du pays et des choses, est bien plus sobre, non seulement quant au style, devenu marmoréen, mais surtout dans les descriptions et les mœurs. Cette seconde manière peut se résumer dans *Carmen* (1845). Jamais, en aucune langue, on n'avait encore décrit deux âmes espagnoles avec plus de force concentrée et une simplicité plus vivante.

Mérimée a touché à l'Espagne toute sa vie ; il y est revenu constamment. Avec joie il saisissait les occasions qui s'offraient à sa plume, dans l'histoire, le roman ou la critique, de reprendre ses chers Espagnols, — Espagnols du peuple, s'entend, les seuls authentiques — dont il goûtait singulièrement la nature simple, tout d'une pièce, sans nuances ni complications, les passions violentes et cette brusquerie hautaine qui les rend si impropres aux arts mécaniques et aux futilités de notre civilisation industrielle. Marque de noble origine, sublime incapacité ! s'écrie un des leurs [1].

---

1. J. Valera, *Disertaciones y juicios literarios,* Madrid [1878], p. 186.

Quoiqu'il ne fût que médiocrement versé dans l'ancienne littérature espagnole, Mérimée, avec son flair d'artiste, l'a parfaitement jugée ; personne n'a si bien fait voir dans quels genres les Espagnols ont excellé et dans quels genres ils se sont montrés inférieurs. Voyez plutôt ce qu'il dit du théâtre comparé au roman :

« Tandis que les romanciers, observateurs exacts et souvent profonds, ont reproduit avec succès des individualités ou des vices répandus, les poètes dramatiques n'ont créé que des personnages de convention, agissant toujours d'après certaines règles invariables, accessibles seulement à certaines passions héroïques et dont la forme est toujours la même... A vrai dire même, la jalousie et le point d'honneur sont les seules passions qui défrayent le théâtre espagnol. L'intrigue change, grâce à l'inépuisable fécondité des auteurs, mais le fond demeure immuable [1] ».

Ce jugement peu vulgaire tranche fort heureusement sur les dithyrambes qu'il est devenu habituel d'entonner en l'honneur du théâtre espagnol, depuis que les Schlegel et M. von Schack ont donné le branle. Mérimée a vu clair ; ce grand prosateur ne s'y est pas trompé. La vraie gloire littéraire de l'Espagne réside dans le roman, dans l'histoire et dans

---

1. *Mélanges historiques et littéraires*, Paris, 1868, p. 257.

la poésie héroïque, qui est encore une manière d'histoire.

A-t-on assez parlé du génie espagnol de Victor Hugo, de la couleur espagnole de son imagination, de l'allure espagnole de son style et, pour comble, de sa parfaite connaissance des choses d'Espagne ! « Victor Hugo
« reste, parmi nous, le Grand d'Espagne de
« première classe de la poésie ! s'écrie Paul
« de Saint-Victor..... L'Espagne, avec des
« agrandissements immenses d'horizons, est
« la patrie dramatique de Victor Hugo, comme
« elle fut celle de Corneille..... *Les années*
« *d'enfance* qu'il y a passées l'ont marqué à sa
« forte empreinte ; le pli de la cape des preux
« du *Romancero* est resté sur l'attitude de son
« style..... Qui les sait mieux que lui, ces
« Choses de l'Espagne » ? ..... Chaque fois
« qu'il revient en Espagne, par le drame ou
« la poésie, c'est le roi dans son royaume, c'est
« le seigneur rentrant dans son fief[1] ».

A force de répéter une chose, on finit par la croire, et, ce qui est plus grave, par la faire croire à d'autres. A force d'entendre exclamer que notre plus grand poète leur appartenait,

---

1. *Victor Hugo*, par Paul de Saint-Victor, Paris, 1885; p. 11, 32 et 125.

les Espagnols nous ont pris au mot, et, comme l'imagination marche à pas de géant dans cette terre ensoleillée, ce n'est plus le poète seulement, c'est l'homme tout entier qu'ils nous réclament aujourd'hui.

Victor Hugo, entendez-vous bien, *est né à Madrid*. L'Académie royale de l'Histoire d'Espagne l'a récemment affirmé en une occasion solennelle, et qui oserait s'inscrire en faux contre le témoignage d'un corps si savant[1]? Voilà pourtant ce qu'il en coûte de se dire Espagnol, alors qu'on n'est pas du tout Espagnol ou qu'on ne l'est guère.

La question de l'espagnolisme de Victor Hugo, c'est-à-dire la part que l'Espagne peut réclamer dans les conceptions du poète et dans la forme qu'il leur a donnée, dépasse notre sujet. Pour ne pas en sortir, il suffit de rechercher ici dans quelle mesure Hugo a connu l'Espagne et comment il nous l'a traduite. Le reste ne nous concerne pas.

Douze ou treize mois de séjour à Madrid, à

---

1. « Creo que no es lo mismo ser de España, que ser español : sería lo mismo que llamar á Victor Hugo francés español, *por haber nacido en Madrid* » (*Discursos leidos ante la R. Academia de la Historia en la recepcion pública de D. Francisco Codera y Zaidin*, Madrid, 1879, p. 90, note 1). Ce jour-là, c'était D. Vicente de La Fuente, une des gloires de la compagnie, qui portait la parole.

l'âge de neuf ans et dans l'enceinte murée du Collège des nobles, et quelques incidents de voyage à l'aller ou au retour, — car à cela se réduit la « jeunesse espagnole » de Hugo — se seraient, dit-on, assez profondément gravés dans la mémoire de l'enfant pour ramener plus tard l'homme et le poète à l'Espagne. Tout le monde n'en demeurera pas persuadé. Si Victor Hugo a *fait de l'Espagne* en littérature, c'est beaucoup plutôt parce que le goût, vers 1825, portait de ce côté, parce que d'autres, notamment Mérimée, en avaient fait avant lui. D'autant mieux que Hugo, et il n'est pas inutile de le rappeler, n'a jamais su que très peu d'espagnol.

Sans doute, *un témoin de sa vie* a prétendu, au contraire, qu'il en savait beaucoup, en le désignant comme l'auteur véritable d'un savant mémoire sur *Gil Blas*, présenté, en 1819, à l'Académie française par le comte de Neufchâteau et que ce pervers académicien aurait signé de son nom, abusant malhonnêtement de l'érudition espagnole du jeune Hugo, qu'il avait appelé à son aide, et le frustrant du bénéfice d'un long labeur[1]. Mais justice a été faite,

---

1. *Victor Hugo raconté par un témoin de sa vie*, Paris, 1868, t. I, p. 346.

par un critique exact, de ce récit controuvé[1]. D'après une autre version d'ailleurs, le Hugo volé par Neufchâteau aurait été, non pas Victor, mais son frère aîné Abel. « Je m'excusai, « aurait dit le premier, de savoir très imparfai- « tement cette langue (l'espagnol), et je répon- « dis qu'on m'avait sans doute confondu avec « mon frère Abel, qui la savait à fond ». Et comme l'académicien insiste et veut absolument l'*enfant sublime* pour collaborateur, Victor s'incline et se met à l'œuvre. « *Je me fis aider* « *par mon frère Abel* qui avait étudié la ques- « tion, et, dans l'espace de quinze ou vingt « jours, j'eus achevé ma besogne[2] ».

Quoi qu'il en soit de ce second racontage, qui ne paraît pas plus véridique que le premier, retenons-en un trait intéressant, c'est que le frère cadet, selon son propre aveu, ne savait guère l'espagnol. Il en a donné la preuve depuis.

Dans les *Orientales* (1829), où le poète aborde pour la première fois l'Espagne, son frère aîné lui sert encore de guide. A propos d'une romance mauresque, Victor cite complai-

1. E. Biré, *Victor Hugo avant 1830*, Paris, 1883, p. 106.
2. Conversation du Bibliophile Jacob avec Victor Hugo, rapportée par E. Biré, *livre cité*, p. 108.

samment les *Romances historiques* d'Abel. Et ici percent déjà ces prétentions érudites, qu'on hésite parfois, de peur d'être dupe, à prendre au sérieux. Ainsi Hugo affirmera quelque part, avec une assurance magnifique, l'existence de romances arabes sur les épisodes connus de l'histoire d'Espagne. Et se tournant alors vers les doctes : « Il serait bien « temps, leur dit-il d'un ton de connaisseur, « que l'on songeât à republier, en texte et « traduit, sur les rares exemplaires qui en « restent, le *Romancero general*, mauresque et « espagnol, trésors enfouis et tout près d'être « perdus. L'auteur le répète ici, ce sont deux « Iliades, l'une gothique, l'autre arabe[1]. » A cela, il n'y a qu'un malheur, c'est que l'Iliade arabe n'a jamais existé que dans l'imagination du poète.

Autre manie puérile : les épigraphes bizarres, en langue étrangère, pour intriguer le lecteur timide. Les *Orientales*, par exemple, contiennent deux épigraphes espagnoles, tirées d'un vieux poète du XIII° siècle et piquées sous le titre de *Nourmahal la Rousse* et des *Bleuets*, uniquement pour servir de prétexte à une petite dissertation grammaticale, qui a

---

1. Note sur la *Romance mauresque*.

dû faire pâmer d'aise les cénacles, où jurer par saint Jean d'Avila passait pour le comble de l'espagnol.

Avec *Hernani* (1830) nous tombons en pleine mystification. Splendide mystification, à vrai dire, quand, négligeant la vérité historique et morale, on réussit à ne prêter l'oreille qu'à l'incomparable musique du vers. « Drame « dont le *Romancero general* est la véritable « clef, » nous dit Hugo, ce qui, traduit en langage bourgeois, signifie qu'il est nécessaire, pour l'entendre, de s'être initié à la poésie héroïque des Espagnols. Mieux vaudrait, sans contestation, lire ce *romancero* que les historiens de Charles-Quint. En effet, si les mœurs de *Hernani* ont une dose, si minime soit-elle, d'Espagne, ce serait encore plutôt dans un moyen âge indécis et transformé par la poésie qu'il faudrait les chercher. Ce conseil, au surplus, n'a été donné qu'après la pièce jouée. Avant la représentation, Hugo eut d'autres scrupules, il pensa justement qu'il était à la portée de quelques-uns d'être renseignés sur les années de jeunesse de l'empereur Charles-Quint et que ceux-là trouveraient la plaisanterie un peu forte. A l'adresse de ces fâcheux il composa donc un petit boniment, qui est un pur chef-d'œuvre :

« Il est peut-être à propos de mettre sous les yeux du public ce que dit la chronique espagnole d'Alaya (qui ne doit pas être confondu avec Ayala, l'annaliste de Pierre le Cruel), touchant la jeunesse de Charles-Quint, lequel figure, comme on sait, dans le drame de *Hernani*[1]. »

Suit alors un portrait de D. Cárlos, où sont mis en relief les traits de celui qu'on verra dans un moment s'agiter sur les planches; le tout saupoudré de quelques mots d'espagnol de Caracas pour donner un semblant de vraisemblance à la supercherie, car d'une chronique d'Alaya — gardez-vous de confondre avec Ayala ! — nul n'en vit jamais l'ombre, Hugo moins que personne.

Ruy Blas a été autrement et plus sérieusement préparé et conçu. Il faut croire qu'en 1838 le poète assagi n'a pas voulu avoir recours au procédé passablement étrange qui cependant ne lui avait pas mal réussi huit ans plus tôt. Son second drame espagnol, quels que soient les défauts et les invraisemblances qu'on y pourrait noter, repose au moins sur une donnée historique et se passe, après tout, dans un milieu qui n'est pas si différent de

---

1. E. Biré, *livre cité*, p. 490. Cette notice fut insérée dans les journaux, sur la demande de Hugo, le 25 février 1830, jour de la première représentation du drame.

celui que les écrits du temps nous permettraient de reconstituer.

Une autre question est de savoir si Hugo a fait passer dans son drame romantique quelques types et des ressorts dramatiques de l'ancien théâtre espagnol.

On l'a prétendu, mais, à ce qu'il semble, sans y regarder d'assez près. « C'est avec les types
« étendus, agrandis, sublimés de la comédie
« de cape et d'épée, avec le théâtre mi-parti
« espagnol et italien que sont faits les drames
« en vers de Victor Hugo... Victor Hugo re-
« lève de Calderon bien autrement que de
« Shakespeare. » Ainsi parle M. Blaze de Bury, l'historien si autorisé du romantisme[1]; mais qu'entend-il par un théâtre mi-parti espagnol et italien ? Est-ce *Don Juan* ? Et puis nous avons beau chercher, nous ne voyons pas d'analogies entre les deux systèmes dramatiques qui ne soient, ou d'ordre très général, ou, pour ainsi dire, fortuites; aucune ne nous indique qu'il y ait eu, de la part de Hugo, emprunt, imitation voulue. Tout ce qui est commun à la fois à l'ancienne *comedia* et au drame de Shakespeare et de Schiller, c'est-à-

---

1. *Alexandre Dumas, sa vie, son temps, son œuvre*, Paris, 1885, p. 179.

dire au théâtre libre, dégagé des règles qui ont emprisonné notre théâtre classique, tout cela se trouve dans Hugo. Ce qui n'appartient qu'à Lope ou à Calderon, leur ton et leur tour particuliers, nous le chercherions en vain chez notre poète, et cela suffit pour établir son indépendance à l'égard de ces maîtres espagnols, qu'il a pu saluer de loin, en bon confrère romantique, mais auxquels il n'a rien pris lui-même directement. Les emplois de la *comedia*, père noble, jeune premier, etc., cet attirail était du domaine commun et depuis longtemps.

Et maintenant que reste-t-il encore d'espagnol dans l'œuvre de Hugo? Quelques pièces dans ses divers recueils de vers, et surtout les petites épopées de la *Légende des siècles*. En présence de cette Espagne formidable et terrible du *Jour des rois* ou du *Petit roi de Galice*, le critique reste comme déconcerté ; il n'ose appliquer ici ses procédés habituels d'analyse, il sent qu'une telle poésie défie d'avance toutes ses morsures. Quand l'histoire est à ce point transfigurée et agrandie, à quoi bon ergoter sur les faits, les noms et les couleurs? Il faut ou tout laisser ou tout prendre. L'Espagne de ces poèmes ne ressemble à rien de ce qu'on a pu connaître, ce pays fantastique est à un suprême degré une création du poète, et de là son étrange, son effrayante beauté.

Mais à côté de ces trouvailles du génie, figurent aussi, dans ses recueils, quelques morceaux d'inspiration historique. Tel le *Romancero* du Cid de la seconde *Légende des siècles*[1], peut-être la plus espagnole des œuvres de Hugo. L'esprit et, ce qui était plus difficile, quelque chose, beaucoup même de l'allure des petites épopées castillanes se retrouve dans les couplets alertes du nouveau *romancero* français.

Il fallait parler de Hugo, et nous en avons parlé plus longuement peut-être qu'il ne convenait et que nous n'aurions fait, s'il n'avait pas été nécessaire de ramener à une juste mesure l'espagnolisme du grand poète. A notre point de vue, Hugo n'a pas l'importance de Mérimée, il n'a même pas celle de Gautier.

Inventeur d'une Espagne outrée et fantasmagorique, plus grande, plus noble, plus terrifiante que nature, d'une Espagne à lui seul, qu'il a bronzée et dorée de sa puissante poésie, il s'est fait dans le groupe de nos hispanisants

---

[1]. *La légende des siècles. Nouvelle série*, Paris, 1877, t. I, p. 117.

une place à part, où il reste isolé. En tant que connaisseur ou interprète de la vraie Espagne, Hugo ne vient qu'après plusieurs autres. D'une chose il est pourtant équitable de le louer. Quand il s'est trompé, il l'a fait en quelque sorte sciemment. Des erreurs, soit, des erreurs énormes et si énormes qu'on finit par ne plus les voir, mais pas de méprises ni de contre-sens ; il n'a pas affadi l'Espagne en l'idéalisant dans un goût faux. La sonorité des noms espagnols lui plaît et il en abuse, même il lui est arrivé d'en créer d'assez extravagants, mais au moins Hugo n'a-t-il à sa charge aucune de ces fautes grossières contre l'usage et la langue dont foisonnent tant d'autres écrits contemporains.

Car on ne saurait imaginer l'amas de bévues et de quiproquos qu'ont entassés surtout les romanciers et les dramaturges, et à quel point ils ont plaisamment étalé leur naïve ignorance, toutes les fois que l'idée leur est venue de donner à leurs élucubrations l'Espagne pour théâtre. Histoire, noms, costumes, langage et caractères, tout y est faux et ridiculement altéré. Et ce travestissement des mœurs ou de la fameuse couleur locale a ceci de particulièrement choquant qu'il est presque toujours assaisonné d'une forte dose de sensible-

rie, ingrédient anti-espagnol, s'il en fut jamais.
Passe pour l'Espagne sombre et truculente,
il y a de cela, il y a eu surtout de cela chez
nos voisins ; mais l'Espagne larmoyante et
sensible ! Quelle aberration ! Si quelqu'un a
encore le courage de feuilleter les onze volumes de *Piquillo Alliaga*[1], le grand roman hispano-mauresque de Monsieur Scribe, il pourra
apprécier ce qu'était devenu le goût espagnol
dans la patrie de *Gil Blas*, et dans quel courant
de romanesques niaiseries l'avaient poussé
les écrivains qui avaient alors l'oreille du
grand public. Même de plus délicats, qui ont
vu, qui savent, qui n'écrivent pas pour la
consommation journalière des cabinets de lecture, comme, par exemple, Fontaney dans ses
agréables *Scènes de la vie castillane et andalouse*[2], n'évitent pas assez la note sentimentale
et attendrie.

Ni les séductions de la poésie amoureuse,
ni la grâce caressante du vers ou le tour coquet et pimpant du style ne dispensent hélas ! d'une certaine connaissance des choses.

---

1. *Piquillo Alliaga, ou les Maures sous Philippe III.*
Paris, 1847.
2. *Scènes de la vie castillane et andalouse*, par lord
Feeling (pseudonyme de Fontaney). Paris, 1835.

Musset en est la meilleure preuve. Moins sévère que Sainte-Beuve, nous ne voudrions pas lui reprocher sérieusement deux vers assez célèbres et qui contiennent en effet un lapsus énorme :

L'un, *comme Calderón et comme Mérimée,*
Incruste un plomb brûlant sur la réalité, etc[1].

Calderon et Mérimée, accouplés comme deux frères jumeaux ! Oui, la licence est un peu forte, et c'est bien le cas de dire que les extrêmes se touchent. Mais qui donc en savait beaucoup plus long, qui pouvait faire le difficile aux alentours du poète ? Au demeurant, la faute est vénielle et Musset ne tenait pas boutique d'érudition. Il a, à notre sens, péché plus gravement contre la vraie Espagne, dans ses *Contes d'Espagne et d'Italie,* avec son dandysme débraillé et pommadé, ses décors d'opéra-comique, son Andalouse de Barcelone et son Don Paez. *Don Paez,* ça n'a l'air de rien ; les Espagnols pourtant s'en montrent très offusqués.

Soit dit à la décharge du poète, il n'en est guère responsable. En bonne langue roman-

---

1. *La coupe et les lèvres.*

tique, comme en langue de concierge, à peu près partout, un nom espagnol, vers 1830 et même plus tard, ne pouvait se terminer qu'en *ez*, et puis, qu'il fût de baptême ou de famille, il devait toujours être escorté d'un *Don*. En vertu du grand principe de la couleur locale, un Espagnol ne va pas sans un *Don*, ni un *Don* sans un Espagnol, pas plus qu'une Espagnole ne va sans « un poignard de Tolède « à sa jarretière et une fiole de poison à sa « ceinture[1]. » Voyez la liste des personnages dans le *Don Juan de Marana* d'Alexandre Dumas. *Don Josès*[2], *Dom Mortès*, — celui-là a un *m* à son *Don*, parce qu'il est prêtre — *Don Henriquez*, etc. Ajoutez-y l'*inculquès* du *Roman chez la portière* et le *Lopez* de Vega du littérateur érudit, et vous aurez là, bien au complet, tous les types de l'onomastique espagnole au plus beau temps de la monarchie bourgeoise.

Ah! le drame de cape et d'épée, quel joli nom et bien fait pour l'époque, et comme les romantiques auraient eu tort de le laisser perdre! Pour le coup, ne voilà-t-il pas quelque chose de très espagnol? L'expression seule, oui, et encore détournée de son sens premier.

1. A. Dumas, *Don Juan de Marana*, acte III, sc. 4.
2. Les éditions récentes ont corrigé : *Don José*. C'est dommage.

Les Espagnols ont dit *comedia de capa y espada,* entendant par là un drame dont les acteurs appartiennent au monde de leur gentilhommerie, à la classe des *caballeros,* de tout ce qui, dans l'ancienne société espagnole, n'était ni prêtre, ni moine, ni légiste, ni soldat de carrière. Se vêtir de cape et d'épée, c'est se vêtir en gentilhomme, c'est même s'habiller comme tout le monde, puisque la bourgeoisie n'existe pas en Castille, que le peuple ne compte pas et que les gens d'église et de loi ont un costume à eux. De là encore *parler en cape et épée,* c'est parler tout uniment, sans détours ni périphrases. Dans la technologie du théâtre, *comedia de capa y espada* se dit de celle qui est faite d'incidents de la vie de tous les jours et qui se joue sans costumes royaux, sans décors compliqués et sans machines, le contraire de la comédie bruyante ou à grand fracas (*comedia de ruido*).

Nous sommes loin, on le voit, du sens actuel. Mais les romantiques n'y ont pas regardé de si près ; le nom étant à leur goût, ils l'ont pris, et comme d'ailleurs ces vieux drames espagnols étaient habituellement traversés de duels, d'escalades et d'enlèvements, il leur parut que leur nouveau drame, leur drame du genre aventureux et bravache méritait bien d'être classé sous cette fringante rubrique. Ce qui de la *capa* espagnole est resté accroché à la cape française de Dumas et des autres, assurément ce n'est pas beaucoup plus que rien. De tout il y a dans ce nouveau drame, mais d'Espagne authentique un peu moins que de tout le reste.

Comme le xviie siècle, notre époque a eu ses voyageurs en Espagne et dans le nombre d'éminents, qui, à leur manière, ne le cèdent en rien à Mme d'Aulnoy. En tout premier lieu cet éblouissant Théophile Gautier. Son récit, il faut le lire avant d'aller en Espagne, de même qu'on lit les lettres du président de Brosses ou les *Promenades* de Stendhal avant de partir pour l'Italie, et il faut le relire après y être allé, et, après comme avant, on demeure émerveillé, aussi bien de l'extraordinaire puissance et luxuriance du peintre, que de l'intelligence, de l'exactitude et du bon sens du voyageur. Si Mérimée a ouvert des jours sur l'âme espagnole, Gautier a expliqué le sol et l'art de l'Espagne, comme nul ne l'avait fait et comme probablement nul désormais ne le fera.

Avec une érudition qui va plus dans le détail, cette curiosité sans cesse en éveil du collectionneur qui furette et flaire les spécialités locales, le baron Charles Davillier a pu écrire, après Gautier, un livre qui se lit très agréablement et instruit abondamment ; mais pourquoi ces illustrations prétentieuses et fantasques de Gustave Doré, détestable romantisme du dessin ?

Des autres, du menu fretin des voyageurs en Espagne mieux vaut ne pas parler. Pour deux ou trois qui auraient réussi à n'être ni ignares, ni sots, cent et plus le sont comme il n'est pas permis de l'être.

Et il en a plu et il en pleut même encore de ces *Etapes* ou *Souvenirs*, de ces *Paris à Cadix*, et de ces *A travers les Espagnes !* Pas de commis voyageur en tournée, ou de professeur en vacances, ou de journaliste en campagne de *reportage*, qui, après un séjour de six semaines en Espagne, ne se croie tenu et en état de nous révéler les mystères du *puchero*, qu'il nomme, selon les dictionnaires, *olla podrida*, ou qui ne traite ex professo, sur des renseignements fournis par des garçons d'auberge, des *suertes* de la dernière course, des faits et gestes des *toreros* fameux (*toréadors*, bien entendu). Nous devons nous estimer heureux que l'Espagne moderne ait supprimé l'Inquisition, sans cela nous verrions reparaître pour la centième fois la description rebattue de l'autodafé et les beaux mouvements d'indignation qu'un tel spectacle arrachait jadis aux âmes sensibles et aux esprits libres de ce côté-ci des Pyrénées. Décidément, le « Voyage d'Espagne » est un genre usé jusqu'à la corde ; n'essayons plus d'y revenir.

Le siècle de l'histoire nous devait quelques travaux dans le domaine des études espagnoles ; il importait de remplacer ou de rajeunir les œuvres démodées de l'époque antérieure. Au XVIIIe siècle, l'on ne faisait guère plus en France que de traduire et de continuer tant bien que mal l'*Histoire d'Espagne* de Mariana, cette histoire que l'érudition contemporaine sape et ruine tous les jours, mais qui résiste néanmoins en tant qu'œuvre d'art d'un penseur et d'un écrivain patriote.

Prétendre que nos nouvelles histoires générales d'Espagne ont fait oublier le livre du jésuite espagnol serait exagéré. Il manque à ces compilations beaucoup de choses essentielles, aussi bien la connaissance approfondie du pays que celle des sources de son histoire. Mais, à dire vrai, l'histoire générale d'un pays n'est pas l'affaire d'un étranger, obligé de tout apprendre et qui ne possède pas ce fonds d'informations que l'indigène acquiert presque sans s'en douter par le simple contact du sol et des hommes. A bien des égards donc on ferait sagement en France de s'en tenir aux questions de détail, à des incidents ou à des moments de l'histoire politique ou littéraire espagnole. Ici, sur un terrain circonscrit, l'étranger comprend souvent mieux et juge plus sainement, parce qu'il compare et qu'il est exempt de préjugés locaux, libre de ces admirations ou de ces haines qu'imposent en quelque sorte la tradition et le milieu. Dans cet ordre de recherches, la France moderne est, on le reconnaîtra, très dignement représentée, soit par les études historiques et archéologiques de Mignet, Mérimée et Charles Davillier, soit par les études littéraires ou artistiques et les traductions des Viardot, Damas Hinard, Philarète Chasles, Antoine de Latour, Viguier et Louis-Lande, pour ne parler que des morts.

Nous voici arrivés enfin au terme de cette longue revue, qui, du moyen âge, nous a conduits presque jusqu'à l'heure présente. Qu'en faut-il conclure?

La connaissance de l'Espagne a-t-elle été en France ce qu'elle aurait dû être, et surtout est-elle aujourd'hui ce qu'il conviendrait qu'elle fût? Il nous en coûte, certes, de ne pouvoir donner à cette question une réponse pleinement affirmative.

A toutes les époques, nous avons eu des érudits qui ont su, des artistes qui ont compris et adroitement rendu dans notre langue les choses du pays voisin ; mais trop souvent aussi la France, par esprit de dénigrement ou par simple ignorance, a jugé superficiellement ou mal interprété l'Espagne. Haïr l'Espagnol, comme au XVIe et au XVIIe siècle, ou le mépriser, comme au XVIIIe, est un mauvais moyen pour le comprendre ; autant vaudrait encore en raffoler, même sans discernement, comme il est arrivé à quelques Allemands de nos jours. Par malheur, on ne raffole guère de son voisin.

Entre contrées limitrophes, dont l'histoire est longue, et qui ont eu leurs piques et leurs brouilles, les rapports ne sauraient être toujours parfaitement amicaux. Chaque pays se croit supérieur à l'autre et ne note chez l'autre que des défauts ou des ridicules. Pour changer, nous pourrions nous appliquer maintenant à voir surtout ce que les Espagnols ont fait de bon et de beau, et nous n'y perdrions incontestablement ni notre temps ni notre peine; car quel sujet plus riche et plus digne d'intérêt à tant d'égards?

En effet, la nation qui a barré la route aux Arabes; sauvé la chrétienté à Lépante; trouvé un monde nouveau, où elle a implanté notre civilisation[1]; formé et dressé cette belle infanterie, que nous n'avons réussi à vaincre qu'avec son ordonnance et ses armes; créé, en art, une peinture du plus puissant réalisme; en théologie, un mysticisme divin qui a su ravir l'âme à des hauteurs si prodigieuses; en littérature, ce grand roman social, le *Don Quichotte*, dont la portée philosophique égale, si elle ne le dépasse, le charme de l'invention et du style; la nation, qui a donné à ce principe nouveau, inconnu des Anciens, au noble sentiment de l'honneur, son expression la plus fine et la plus fière, cette nation mérite à coup sûr qu'on la tienne en quelque estime et qu'on tente de l'étudier sérieusement, sans enthousiasme niais, comme sans prévention injuste.

1. « Non sans grandes peines que nous autres François n'eussions peu souffrir. » (Brantôme.)

APPENDICE I.

Un membre de l'Académie de l'Histoire de Madrid, ayant, il y a peu, assez maladroitement confondu maître Fernand de Cordoue, venu à Paris en 1445, avec Fernando del Pulgar, qui se rendit à la cour de France trente ans plus tard et pour de tout autres raisons, il n'est pas inutile de produire ici quelques pièces inédites relatives à ce dernier personnage, qui précisent, à la fois, la date de l'un de ses séjours en France et le motif de l'une de ses missions[1]. Dans sa *Crónica de D. Fernando é Dª Isabel* (livre II, ch. 1), Pulgar fait allusion, à mots couverts et sans se nommer, à ses deux ambassades auprès de Louis XI : la première, qu'il remplit tout au commencement de l'année 1475 et qui avait pour principal objet la notification officielle au roi de France de la mort de Henri IV de Castille, frère d'Isabelle ; puis la seconde, postérieure de quelques mois à la première, et à laquelle se réfèrent les pièces qu'on va lire et qui se trouvent dans un recueil de Baluze conservé à la Bibliothèque Nationale, sous le n° 6024 du fonds latin. C'est pendant

---

1. Voyez, dans le *Boletin de la R. Academia de la Historia*, t. XI (1887), p. 175, l'article de D. Cesáreo Fernández Duro, intitulé : « Un español del siglo xv tenido por Ante-Cristo ».

l'une ou l'autre de ces missions que Pulgar prit connaissance du livre de maître Georges de la Vernade, secrétaire de Charles VII, sur les hommes illustres de son temps, livre qui ne nous est malheureusement pas parvenu et qui donna à l'envoyé espagnol l'idée de ses *Claros varones de Castilla*[1].

Quoique les pièces publiées ci-dessous portent, les unes la date du mois de février, les autres celle du mois de juin 1475, il est vraisemblable qu'elles concernent toutes la même mission, c'est-à-dire la seconde, car il n'est fait aucune mention, ni dans la lettre de créance, ni dans l'instruction du mois de février, de la mort du roi Henri IV, que Pulgar déclare avoir été chargé d'annoncer à Louis XI, lors de son premier voyage en France. La question pourrait être tranchée sans doute par l'examen d'autres pièces françaises du même recueil, où il est parlé de Pulgar, mais qu'on n'a pas en ce moment le loisir d'étudier.

I. LETTRE DE CRÉANCE DES ROIS CATHOLIQUES POUR FERNANDO DE PULGAR.

(Bibl. Nat. lat. 6024, f. 187. — Original)

Al muy alto e muy poderoso principe, el rrey don Luys, por la gracia de Dios rrey de Francia, nuestro muy caro e muy amado primo, Don Fernando e Doña Ysabel, por esa misma gracia rrey e rreyna de Castilla e de Leon e de Sicilia, principes de Aragon, salud e entera dileccion con acrecentamiento de toda prosperidad e felicidad. Fazemos vos saber que, sobre algunas cosas concernientes a la paz e amor e fraternidad, que, por la gracia divina, de largos tiempos aca fue observada entre los rreyes de gloriosa memoria, nuestros progenitores, e los regnos, tierras e señorios subditos e vasallos de una parte e otra, enbiamos

---

1. *Claros varones de Castilla*, éd. de Madrid, 1775, p. 2.

a vos a *Fernando de Pulgar*, nuestro secretario e del nuestro consejo, informado plenaria mente de nuestra voluntad en esta parte. Por ende, afectuosa mente vos rrogamos que vos plega, en aquellas cosas que vos explicara de nuestra parte a lo susodicho concerniente, atribuirle fe plenaria. Muy alto e muy poderoso principe, rrey, nuestro muy caro e muy amado primo, Dios vos aya todos tiempos en su especial guarda. Dada en la nuestra muy noble e leal çibdad de Segovia, a çinco dias de febrero año de LXXV años.

Yo el Rey.   Yo la Reyna.
                                     Arinyo secret.

II. INSTRUCTION REMISE PAR LA REINE ISABELLE A FERNANDO DE PULGAR.

(Bibl. Nat. lat. 6024, fol. 188. — Copie du temps)

La Reyna.

Lo que vos, *Fernando de Pulgar*, mi secretario e del mi consejo, aveis de dezir en secreto e por parte al rrey de França, mi muy caro e muy amado primo, es lo seguiente :

Primeramente le direis el deseo que yo tengo a su amistad e aliança asy commo la tovieron los rreyes de gloriosa memoria, mis progenitores e los suyos; pero que debe pensar que yo non puedo fallescer al rrey mi señor, que es yo misma, e que su señoria, estando agravado asi e perjudicado por el dicho rrey de Francia en los fechos de Rosellon e Cerdeña, no seria posyble que entre mi e el e estos mis rreynos e los suyos se pudiese servar e guardar las alianças e hermandades antiguas. E commoquier que vos, por parte del dicho rrey mi señor e mia, le abeys de dezir ciertas cosas contenidas en otra instruyçion que de nos otros levays : pero que delibere aparte por mi le dixiesedes lo que en esta se contiene, certificandole que es mi deseo el susodicho. Por ende que le plega quitar el dicho agravio por donde el dicho rrey mi señor non tenga causa de estar quexoso del, e que, aquel quitado, yo tendre manera y fare que las alianças antiguas entre nos otros e el e nuestros rreynos e los suyos se confirmen y fagan. Y rrecordarle es quanto a el· biene bien las dichas alianças e aun tener por amiga la casa de Aragon y que piense que para sus enemigos lo que mas le puede ayudar es estos mis rreynos con los de Aragon juntos asi commo son, los quales le certeficares que yo terne manera que avra induvitada mente en aliança e hermandad tanto qu'el de forma que se quite el dicho agravio.

Otrosy le dires que, despues que avia acordado de vos enbiar a el a le explicar las cosas suso contenidas, vino a mi Avendaño, su camarero e del su consejo, e me dixo de su parte algunas cosas, rremostrandome el amor grande e afeccion que los rreyes de gloriosa memoria nuestros progenitores se ovieron siempre e la paz que, por la gracia de Dios, han avido de tan luengos tiempos aca entre los rreynos, tierras e señorios subditos e naturales de la una parte e otra, dandome a entender que, continuando aquello, el esta dispuesto de los confirmar e aprovar comigo para adelante. A lo qual le direis que yo reçevi en gran estyma su gracioso ofrecimiento e buena e loable voluntad e deseo que en esta parte le plaze mostrar, porque aquellas cosas son tanto dinnas de loor quanto mas tienden a la trinquilidad, paz e amor, por la gracia de Dios, de tantos tiempos aca perpetuada entre nuestros rreynos e tierras e señorios, mayormente siguiendo las pisadas de los rreys de gloriosa memoria, nuestros progenitores, que, por la gracia divina, la començaron e continuaron fasta oy. La qual yo estoy en proposito e voluntad muy entera de conservar e procurar qu'el rrey mi señor e yo seamos en aquella misma liga, fraternidad et confredacion con el e con sus rreynos e señorios que lo fueron los otros rreyes destos nuestros rreynos, guardaudose con el e commigo aquella rrazon et justicia que con todos se deve guardar, mayormente entre los rreys que esperan ser buenos e verdaderos hermanos, amigos e aliados. E aun allende de la confirmacion de nuestras aliancas le rresponderes lo que vos diximos tocante al matrimonio que Avendaño nos dixo de su parte del delfin, su fijo, con la princesa, nuestra fija, lo qual a nos otros plazera se concluya juntamente con las aliancas, faziendose por el lo contenido en el otro memorial que llevays e en esta instrucion tocante a los condados de Rosillon e Cerdeña. E cerca del salvo conduto para los enbaxadores que de su parte aca han de venir le direys que a mi plaze de lo dar, e asi mesmo lo dara el rrey mi señor luego commo sera acordado el fecho de Rosillon, segund lo llevays por memorial.

E quanto a lo que toca el duque de Borgoña, le mostrareys mi voluntad e le direys aquello que con vos fable. En Segovia, a VII de febrero de LXXV años. Yo la Reyna. Por mandado de la Reyna, Gaspar Darino.

III. LETTRE DE CRÉANCE DU CARDINAL PEDRO GONZALEZ DE MENDOZA POUR FERNANDO DE PULGAR.

(Bibl. Nat., latin 6024, fol. 207. — Original)

Christianissime princeps et potentissime domine, domine mi colendissime, post humilem commendationem. Scripsi superiori die ad serenitatem vestram cum suis oratoribus qui hinc decesserunt bene expediti et informati plenissime de omnibus que tunc in mentem venerant. Post vero serenissimus dominus meus rex instituit remittere ad eandem serenitatem consiliarium et secretarium suum *Fernandum de Pulgar*, presentium exhibitorem, qui bene instructus mentem regiam et meam plene aperiet in his que ad utramque partem attinent. Supplico igitur quantum possum vestrae majestati ut in omnibus ei, tanquam mihi, fidem adhibeat, ac etiam supplico et exhortor eandem majestatem, pro officio meo atque jure quod sibi prestiti[1], velit hec communia negocia quam celerrime expedire neque in diem differre, si possit. Sunt enim alii principes qui super his apud nos instant quam plurimum, uti ab eodem Fernando plenius vestra serenitas intelliget, cui plurimum atque plurimum me commendo et quam salvam et felicem exopto. Ex Valleoleti, XXII junii MCCCCLXXV. Vestre majestatis fidelis servitor

                    P. cardinalis Ste Marie Ispalensis.

---

1. Peu de mois après la date de cette lettre, le cardinal allait devenir véritablement vassal du roi de France. Sur les instances d'Alonso Yañez, chapelain du cardinal, Louis XI demanda au pape de conférer à celui-ci l'administration de l'abbaye de Fécamp, qu'il avait retirée à son titulaire, Jean Balue. Sixte IV accéda à ce désir par sa lettre à Louis XI, en date du 26 janvier 1476 (voy. Martène et Durand, *Amplissima collectio*, t. II (1724), col. 1524; *Gallia christiana*, t. XI, col. 213, et *Memorial histórico*, t. VI, p. 233).

IV. AUTRE LETTRE DE CRÉANCE DE LA REINE ISABELLE POUR FERNANDO DE PULGAR.

(Bibl. Nat. lat. 6024, fol. 194. — Original)

Al muy alto e muy poderoso prinçipe don Luys, por la graçia de Dios rrey de Françia, nuestro muy caro e muy amado primo, doña Ysabel, por esa mesma graçia rreyna de Castilla e de Leon e de Çiçilia, prinçesa de Aragon, salud e fraternal dileçcion con acreçentamiento de toda prosperidad. Fazemos vos saber que vuestros enbaxadores, que agora postrimeramente enbiastes, vinieron al rrey mi señor, el qual me enbio dezir las cosas que por ellos le fueron explicadas de vuestra parte. E asi mesmo el rreverendisimo cardenal de España, nuestro muy caro et muy amado primo, nos enbio la copia de las instruçiones que por vuestro mandado trayan cargo de nos notificar e explicar. Lo qual todo visto, podeys creer que quesieramos mucho ver los dichos vuestros enbaxadores por les fablar e rremostrar nuestro deseo e afecçion que a vuestra persona e a la casa de Françia tenemos. Pero, porque, segund las cosas ocurren al presente en nuestros rreynos, non ovo oportunidad para ello e los dichos vuestros enbaxadores acordaron de se partir, el rrey, mi señor, por parte suya e nuestra los despacho, e acordamos de enbiar a vos a *Fernando de Pulgar*, nuestro secretario e del nuestro consejo, bien plenaria mente ynformado de nuestra voluntad çerca de todas las materias que los discretos enbaxadores truxeron. Afectuosamente vos rrogamos vos plega de le dar entera fee e creençia a todo lo que de nuestra parte vos dira e explicara, certificando vos que todo aquello que por vuestra parte con el sera apuntado, asentado e concordado en nuestro nonbre, nos lo conpliremos entera mente e lo faremos traer en devido efecto. Muy alto e muy poderoso prinçipe e rrey, nuestro muy caro e muy amado primo, Dios vos aya todos tiempos en su espeçial encomienda. De la muy noble cibdad de Avila, a XXVI dias de junio, año de LXXV.

Yo la Reyna.

Alfonso de Avila.

APPENDICE II.

Voici le titre complet de ce petit volume fort rare : *Memoires curieux envoyez de Madrid. Sur les festes ou combats de taureaux. Sur le serment de fidelité qu'on preste solemnellement aux successeurs de la couronne d'Espagne. Sur le mariage des Infantes. Sur les proverbes, les mœurs, les maximes et le genie de la nation espagnolle.* Paris, 1670 (in-12 de 137 pages). Aucun nom ne figure sur le livre, dont l'avant-propos du « libraire au lecteur » est ainsi conçu : « Quoy que
« l'on ait déjà veu diverses relations du voyage d'Es-
« pagne, je ne laisse pas de vous presenter icy d'autres
« particularités du pays, sans craindre de vous fati-
« guer... Au reste, si vous n'y voyez point le nom de
« l'autheur, il y a deux raisons pour cela ; l'une, qu'il
« n'a fait imprimer ces Memoires que pour en donner
« des exemplaires à plusieurs personnes, qui luy en
« ont demandé des copies penibles à faire ; et l'autre,
« qu'il n'a pas dessein de se prevaloir en public du
« soin qu'il a pris de faire ces remarques, pour son
« utilité particuliere et pour ses amis. En un mot, il
« a exercé avec assez d'estime *l'employ de secretaire*
« *d'une ambassade illustre, durant plusieurs années*
« *à Madrid,* pour n'avoir pas besoin que l'impression
« de ses ecrits luy fasse de nouveaux honneurs. »
Ce secrétaire d'ambassade ne saurait être que Carel de Sainte-Garde. En effet, dans la dissertation sur le génie des Espagnols pour les lettres est produit un extrait de la correspondance « du fameux Monsieur C..., que j'ay en main », dit l'anonyme. Or, cet extrait répond exactement à divers passages des lettres adres-

sées par Chapelain à son correspondant ordinaire à Madrid, Carel de Sainte-Garde[1].

Nous possédons encore une correspondance d'un autre attaché à la même ambassade, qui a été imprimée sous ce titre : *Lettres écrites de Madrid en 1666 et 1667 par Muret, attaché à l'ambassade de Georges d'Aubusson, archevêque d'Embrun*, publiées par A. Morel-Fatio. Paris, 1879, in-8.

---

1. *Lettres de Jean Chapelain*, publiées par Ph. Tamizey de Larroque, Paris, 1883, t. II, p. 204, 255 et 268.

RECHERCHES
SUR
LAZARILLE DE TORMES

I. — BIBLIOGRAPHIE DU LIVRE

Quoique de format bien mince, le livret qui s'intitule : *La vida de Lazarillo de Tórmes, y de sus fortunas y adversidades,* et qui commença de circuler en Espagne et en Flandre vers la fin du règne de Charles-Quint, a une importance exceptionnelle.

Et d'abord, ce roman est le modèle d'un genre nouveau, le père authentique des nouvelles picaresques, de ces innombrables gueuseries espagnoles du xvie et du xviie siècle, qui plus tard nous ont valu *Gil Blas.* Tous les *novelistas* espagnols relèvent de *Lazarille,* tous lui doivent quelque chose; Cervántes comme les autres.

Mais il y a mieux. *Lazarille* possède en outre deux mérites peu communs. Avec la *Célestine* et les *Epîtres* de Guevara, il est le texte de langue le plus friand du grand siècle espagnol à ses débuts, le type le plus pur de la prose castillane du genre familier, que n'ont point encore altérée ni la pompe et le clinquant des périphraseurs andalous, ni la période alambiquée et enchevêtrée des latinistes, ni les pointes ou autres rouerics du conceptisme. Et le fond ne vaut pas moins. Que représente, en effet, cette trilogie — portraits de l'aveugle, du prêtre et du pauvre gentilhomme — sinon, en raccourci, la société espagnole du XVI° siècle, dont toutes les variétés se ramènent sans trop de peine à ces trois types du gueux, de l'homme d'église et de l'homme d'épée?

Un attrait non moins vif du petit livre est le mystère qui n'a pas cessé de planer sur son auteur. Composée et lancée par une main inconnue, la libre et verte satire demeure anonyme comme au premier jour et le restera probablement à jamais. Les contemporains se sont tus et les modernes n'ont rien découvert. Nous verrons ce qu'il faut penser de la tradition qui rapporte *Lazarille* à Diego Hurtado de Mendoza et des autres attributions proposées à diverses reprises, quand nous aurons déblayé le sujet de ses préliminaires, c'est-à-dire de l'histoire bibliographique du livre.

Avant de la retracer en détail, qu'on nous

permette une observation sur le titre même de la nouvelle.

Ce titre, où le mot *fortunas,* conformément à l'usage de l'auteur, signifie mésaventures, calamités, misères, ressemble singulièrement à celui d'un vieux livre français: *Les fortunes et adversitez de feu noble homme Jehan Regnier, escuyer, en son vivant seigneur de Garchy et bailly d'Aucerre*[1]. Aucun rapport, cela va de soi, entre les deux ouvrages, ni pour le style ni pour le fond. Le livre français, qui est versifié, contient les lamentations d'un bailli d'Auxerre, tombé, en 1431, aux mains de partisans qui le mènent à Beauvais et l'y retiennent prisonnier, comptant lui extorquer une forte rançon. Regnier, dans l'attente de son rachat, se désespère et gémit, songeant à la grasse vie qu'il menait en son bailliage :

> Gesir me font dessus la paille,
> Pain et eaue si est ma vitaille.
> Helas, vecy trop dure vie !
> Je souloye manger volaille
> Et le poisson à grosse escaille,
> Mais il convient que je l'oublie.
> Poulx et puces me font bataille,
> Car j'en ay plaine ma drapaille,

1. In-8° gothique, achevé d'imprimer le 5 juin 1526. Le privilège est du 10 mai 1524.

> Desquelz ma chair est assaillie.
> Ainsi fault que mon temps s'en aille
> Et tout, par faulte de cliquaille,
> Ma vie si sera faillie.

Mais si le roman satirique espagnol est à cent lieues de la complainte française, rien n'empêche que le titre de celle-ci n'ait attiré l'attention d'un écrivain castillan et ne lui ait paru de bonne prise. Cela semble en tout cas plus probable qu'une rencontre fortuite; car on admettra assez difficilement qu'un auteur français et un auteur espagnol aient eu l'idée, chacun de leur côté, d'associer dans un titre précisément les mêmes mots *fortunes* et *adversités*. Quoi qu'il en soit de cette coïncidence, il convenait de la signaler.

Quelle est la première édition de *Lazarille?* Grave question et fort controversée. Est-ce une édition d'Anvers, 1553? Mais qui l'a décrite, qui l'a seulement tenue dans ses mains? Brunet n'en parle que par ouï-dire et avec réserve. « Cependant nos notes nous four« nissent l'indication d'une édition d'Anvers, « 1553, in-16, que toutefois nous n'avons pas « vue[1] ». Sans doute, cette édition a été ima-

---

1. *Manuel*, édit. de 1862, article *Hurtado de Mendoza*.

ginée par quelqu'un qui estimait *Lazarille* une œuvre trop hardie pour avoir pu sortir originairement d'une imprimerie d'Espagne. C'est en Flandre, suppose-t-on, qu'aurait été risquée pour la première fois, et presque clandestinement, l'impression de la petite nouvelle, et comme les plus anciennes éditions espagnoles datent de 1554, l'édition princeps flamande aurait paru à Anvers, tout juste l'année d'avant, en 1553. Hypothèse gratuite et démentie par les faits. Du moment que la circulation de *Lazarille* a été tolérée en Espagne dès 1554, pourquoi ce roman n'y aurait-il pas vu le jour et pourquoi les imprimeurs de Burgos et d'Alcalá ne nous en auraient-ils pas livré la primeur?

Inutile, au reste, de discuter dans le vide. Qu'on nous montre l'édition de 1553 et nous y croirons.

Ce qui n'est pas un mythe, c'est *La vida de Lazarillo de Tormes : y de sus fortunas y aduersidades*, imprimée à Burgos, en 1554, par le célèbre Juan de Junta, en un petit in-8 gothique de 48 feuillets non chiffrés. Deux exemplaires de cette rarissime plaquette ont été vus et décrits de notre temps par des bibliographes dignes de toute confiance. Le premier exemplaire, qui appartenait au colonel Stanley, fut acquis à sa vente (1813) pour le sixième duc de Devonshire et se trouve actuellement encore dans la collection de la splendide résidence de Chatsworth.[1] L'autre a séjourné dans la bibliothèque d'un amateur milanais, vendue aux enchères, à Paris, en 1857, par les soins du libraire L. Potier[2]. Il nous paraît évident que cet exemplaire-là est celui qui a servi à Brunet pour rédiger la notice bibliographique de l'édition de Burgos insérée dans son *Manuel*.

Voilà exactement tout ce qu'on sait sur l'imprimé de Juan de Junta, qui, jusqu'à nouvel ordre, mérite d'être tenu pour l'édition princeps de *Lazarille*. Personne ne l'a collationné, aucun de ceux qui se sont occupés de la nouvelle, éditeurs ou critiques, ne l'a comparé aux éditions subséquentes et ne peut

---

1. *Bibliotheca Stanleiana*, Londres, 1813, n° 543. L'exemplaire de ce catalogue conservé à la Bibliothèque Nationale porte, à la marge, en regard de ce numéro : *Duke Devonshire*. Il est donc certain que le *Lazarille* de Stanley est le même que celui qui figure dans le *Catalogue of the library at Chatsworth* (Londres, 1879, t. II, p. 324), publié sous les auspices du septième duc de Devonshire.

2. *Catalogue des livres rares et précieux, manuscrits et imprimés, composant la bibliothèque de M. C. R**** [*Riva*] *de Milan, dont la vente aura lieu le jeudi 8 janvier 1857*, etc. Paris, 1856, n° 1422.

dire au juste en quoi ces éditions diffèrent de leur prototype.

En cette même année 1554, un libraire d'Alcalá de Henares, nommé Salzedo, s'empare du livret et le reproduit. Son édition, en 46 feuillets, achevée le 26 février, s'annonce comme *nuevamente impressa, corregida y de nuevo añadida en esta segunda impression*. Comme celle de Burgos, elle est imprimée en lettres gothiques et a son titre orné d'un bois représentant l'aveugle et son garçon. Le libraire Salzedo est explicite. Il qualifie son livre de *seconde édition,* donnant ainsi à entendre qu'il tenait l'imprimé de Burgos pour la première; puis il ajoute qu'il est corrigé et augmenté. Que veut-il dire par là? Pour le savoir exactement, il faudrait rapprocher l'édition d'Alcalá — dont un exemplaire existe au Musée Britannique, où nous l'avons examiné — de l'édition de Burgos. A cette heure, cela n'est pas possible. Mais, faute de mieux, substituons à l'inaccessible princeps l'une ou l'autre des éditions d'Anvers, 1554 et 1555, dont il va être parlé et qui en sont très vraisemblablement de fidèles copies, et nous obtiendrons à peu près le résultat souhaité.

Or, de cette confrontation résulte que les additions du texte d'Alcalá se réduisent en somme à deux passages, intercalés, le premier, dans le chapitre de l'aveugle, le second, à la fin, dans le chapitre du bulliste[1], passages qui l'un et l'autre allongent inutilement le récit sans y rien ajouter de piquant. Il est heureux que les éditions suivantes n'en aient pas tenu compte et qu'elles aient respecté le texte primitif de Burgos. Quant aux variantes, elles sont rares et, en général, de médiocre importance. Nous devons laisser au futur éditeur de *Lazarille* le soin de les relever toutes et de voir le parti qu'il en pourra tirer; cependant nous en signalerons une, plus particulièrement curieuse, parce qu'elle montre avec quelle négligence la célèbre nouvelle a été jusqu'ici publiée et étudiée.

Il s'agit d'une réflexion que suggère à Lazarille la vue de son troisième maître, l'écuyer famélique, sortant à pas mesurés et cadencés de son misérable taudis, aussi frais, pimpant et glorieux que s'il venait d'y faire la meilleure chère du monde : « Et, certes, qui ne « l'eût pas connu, l'eût pris pour un très pro- « che parent du *comte d'Arcos*, ou tout au « moins pour le vallet de chambre qui l'ai-

---

[1]. Nous les reproduisons un peu plus loin, en appendice.

« dait à se vêtir¹ ». On a imprimé cela sans sourciller. Ce comte d'Arcos a été admis dans toutes les éditions anciennes ou modernes de *Lazarille* que nous connaissons, — sauf celle d'Alcalá, — sans que jamais personne se soit demandé s'il pouvait être question d'un tel titre nobiliaire à l'époque où la nouvelle a été écrite, c'est-à-dire sûrement, et pour ne pas préciser davantage, entre les années 1525 et 1554.

Eh bien, le titre de comte d'Arcos de la Frontera n'existait plus dès 1493! Cette année-là, en effet, les Rois Catholiques, pour indemniser Rodrigo Ponce de Leon de la perte de la ville de Cadix qu'ils réunirent à leur couronne, érigèrent en duché le comté d'Arcos dont ce seigneur venait de recueillir l'héritage². Une telle allusion, par conséquent, à un

---

1. « Quien no le conociera, pensara ser muy cercano pariente *al conde de Arcos, o, a lo menos, camarero que le dava de vestir.* » (Éd. d'Anvers, G. Simon, 1555, p. 56.)

2. Antonio Ramos, *Aparato para la correccion y adicion de la obra que publicó, en 1769, el D^{or} D. Joseph Berni y Catalá... con el título : Creacion, antiguedad y privilegios de los títulos de Castilla*, Malaga, 1777, § 75. Ne pas confondre le titre de comte *d'Arcos* avec celui de comte de *Los Arcos*, créé en 1617, par Philippe III, en faveur de D. Pedro Laso de la Vega (A. Ramos, *ibid.*, § 146, et Lopez de Haro, *Nobiliario genealógico*, livre III, p. 118).

comte d'Arcos, dans un livre du xvi⁰ siècle, ne saurait se rapporter qu'au titulaire antérieur, aussi nommé Rodrigo Ponce de Leon, et n'aurait d'à-propos que si ce personnage avait joui d'une extraordinaire réputation de faste et d'opulence, dont le souvenir lui aurait longtemps survécu en Espagne, ce qui n'est pas le cas. A notre connaissance du moins, ce dernier Ponce de Leon, troisième comte d'Arcos, mort en 1492, n'est célèbre que par ses prouesses au cours de la guerre de Grenade.

Il semble bien plus simple et plus vraisemblable de croire à une altération du texte, et voici précisément que la plaquette d'Alcalá, négligée jusqu'ici, va nous permettre de la réparer. Cette édition nous offre, dans le passage dont nous nous occupons, une leçon fautive aussi, qui, toutefois, nous met sur la voie de la bonne : *conde Alarcos* au lieu de *conde de Arcos*.

Qui ne connaît, pour l'avoir lue dans la belle romance *Retraida está la infanta*[1], la tragique histoire du comte Alarcos, qui tue sa femme sur l'injonction d'une infante délaissée et jalouse? Mais ce n'est pas encore, bien certainement, de ce comte-là qu'il s'agit ici.

---

1. Duran, *Romancero general*, n° 365.

Il s'est produit d'abord une première confusion, confusion due soit à l'auteur soit à un imprimeur, — l'examen du texte de Burgos le déciderait peut-être, — avec un autre comte, non moins fameux et non moins légendaire du *romancero*, le *conde Claros de Montalban*, cet amant hardi et tendre de Claraniña, qui, à la veille d'être décapité pour l'amour de sa dame, disait gentiment :

> Quien no ama las mugeres
> No se puede hombre llamar ;
> Mas la vida que yo tengo
> Por ellas quiero gastar.

Dans la romance *Media noche era por hilo*[1], où sont relatés ses amours, nous le voyons, après une nuit d'insomnie, se lever aux premières lueurs de l'aube et demander à son chambrier de le vêtir :

> « Levantáos, *mi camarero,*
> *Dadme vestir y calzar.* »
> Presto estaba *el camarero*
> Para habersclo de dar, etc.

Suit une description de la somptueuse garde-robe du comte.

Voilà donc enfin ce qu'il nous fallait et

---

1. Duran, *ibid.*, n° 362.

voilà élucidée, de la façon la plus plausible, l'allusion de Lazarille. C'est un souvenir de la vieille romance du comte Claros. Rien de plus commun, au reste, que ces réminiscences-là chez les écrivains espagnols[1], et rien qui ne s'explique mieux que ces substitutions successives d'*Alarcos* à *Claros* et d'*Arcos* à *Alarcos*. Dans le premier cas, les deux romances, qui ne sont pas sans analogies, ont été confondues; dans le second, c'est un imprimeur maladroit qui a laissé tomber les premières lettres d'*Alarcos*.

Passons maintenant aux éditions flamandes. Nous considérons celle de Martin Nuyts (Nutius) — petit volume in-12 de 48 feuillets, imprimé en caractères ronds et sans figures, l'an 1554, à Anvers, — comme une simple répétition de l'édition de Burgos de la même an-

---

1. Dans *Lazarille* même, au chapitre de l'écuyer, on en peut noter deux autres. Les mots « *Hélos do buelven*... » (alguazil et greffier) rappellent la romance *Hélo, hélo, por do viene* (Duran, n° 858) ; et cette réflexion du pauvre garçon : « *Yo, como en otra tal no me ubiesse visto*... » est un souvenir d'une vieille chanson populaire, qu'on retrouve dans la *Niña de Gómez Arias*, de Calderon :

> Señor Gómez Arias,
> Duélete de mí,
> Que soy niña y sola
> Y nunca en tal me vi.

née. Le fait est que Nuyts n'a pas tenu compte des additions du texte d'Alcalá et qu'aucun des passages ajoutés dans celui-ci ne se retrouve dans le petit volume anversois. Comme le montre une note insérée au verso du fol. 3, Nuyts avait obtenu pour son livret un privilège interdisant pendant cinq ans « à tous « autres imprimeurs d'imprimer le même « livre sous graves peines ». Cette menace n'empêcha pas, l'année d'après, 1555, un autre libraire anversois, Guillaume Simon (à l'enseigne de l'Unicorne d'or), de réimprimer *Lazarille* à la barbe de son confrère des deux Cigognes[1]. A vrai dire, la contrefaçon a pu être furtive, et ce qui l'indiquerait est l'absence de ces mots: *Con privilegio imperial,* qui décorent l'édition de Nuyts. Mais Guillaume Simon ne s'en tint pas là.

En cette année 1555, l'auteur du premier *Lazarille,* ou un autre Espagnol quelconque — nous demeurons toujours dans l'incertitude et le mystère — se mit en devoir de composer une suite aux aventures du fils de Tomé Gonzalez et d'Antona Perez. La *segunda parte de*

---

[1]. L'enseigne de Nuyts se compose de deux cigognes qui se disputent un ver et de la légende : *Pietas homini tutissima virtus.*

Lazarillo de Tormes, y de sus fortunas y adversidades (Anvers, 1555) se soude exactement à la première, si exactement qu'elle débute par une phrase, qui est la reproduction littérale de la dernière du récit primitif. « Pues en « este tiempo estava en mi prosperidad y en « la cumbre de toda buena fortuna, » dit Lazarille, en prenant congé du lecteur, auquel il vient de narrer son mariage et son ménage à trois avec M. l'archiprêtre de San Salvador, et la *seconde partie* reprend par les mêmes mots : « En este tiempo estava en mi prosperidad y « en la cumbre de toda buena fortuna », pour continuer par les aventures de Lazarille à Tolède, l'expédition d'Alger, etc.

Qui a le premier imprimé cette *seconde partie,* dont on ne trouve nulle trace avant l'année 1555 ni ailleurs qu'à Anvers? Nuyts ou Simon, car tous deux s'en sont mêlés[1]? Certains exemplaires de la *segunda parte* de Nuyts contiennent un privilège de *quatre* ans[2], d'autres un privilège de *cinq* ans[3], et les uns

---

1. L'*Essai sur l'imprimerie des Nutius,* par C. J. N. [Charles-Joseph Nuyts], seconde édition, Bruxelles, 1858, in-8°, n'apporte malheureusement aucune lumière sur le point en litige.

2. Celui de la Bibl. Grenvilliana (Musée Britannique) et celui de la Nacional de Madrid.

3. Ainsi l'exemplaire de la Bibliothèque Impériale de

et les autres portent la mention : *Con privilegio imperial.* Il semble donc que nous ayons là l'édition originale authentique de la seconde partie de *Lazarille.* Mais voici que Simon, en 1555 aussi, nous livre de son côté une *segunda parte,* munie tout de même de l'estampille : *Con privilegio imperial*[1]. Dans cette course au clocher, lequel a devancé l'autre, et comment, si Nuyts est le seul éditeur patenté, son concurrent a-t-il pu s'affubler du *Con privilegio?* Nous laissons aux bibliographes belges le soin d'élucider ce curieux problème.

Bien loin d'obtenir le succès de la nouvelle originale, cette seconde partie a été peu goûtée, surtout à cause du merveilleux qu'y a répandu l'auteur dans le récit des aventures sous-marines et de la métamorphose de Lazarille en thon. On l'a toutefois réimprimée assez souvent en même temps que la première,

---

Vienne (relié avec la 1re partie de 1554), dont je dois une minutieuse description à l'obligeance du Dr A. Göldlin von Tiefenau.

1. C'est ce qui résulte du moins d'une notice bibliographique de P. Salvá (*Catálogo de la biblioteca de Salvá*, Valence, 1872, n° 1852), qui nous apprend en outre qu'à l'édition de Simon est annexé un petit supplément omis dans celle de Nuyts : *Siguense algunas fabulas muy graciosas, las quales no son de la obra, pero añadieronse á ella por no vender al lector papel blanco.*

mais jamais en Espagne, du moins pendant les trois derniers siècles[1].

L'année 1559 marque dans l'histoire bibliographique de *Lazarille*; c'est la date de sa mise à l'index d'Espagne par ordre de Fernando de Valdes, archevêque de Séville et inquisiteur général. Dans le catalogue publié, sous les auspices de ce prélat, en cette année, à Valladolid, le téméraire petit livre est inscrit à son rang et totalement prohibé (1re et 2e parties)[2]. Le Saint-Office sans doute n'eut pas de peine à recueillir et à détruire ce qui pouvait rester en circulation des éditions de Burgos et d'Alcalá, car ces plaquettes gothiques, tirées à un nombre restreint d'exemplaires, devaient être épuisées, ou peu s'en faut, en 1559. Mais comment empêcher les in-12 des Nuyts et des Simon d'entrer en Espagne? Par toutes les frontières maritimes ou terrestres, des centaines de ces *Lazarille*, en se faufilant dans des ballots de drap, de toile ou de mercerie, pénétraient quand même en terre d'Inquisition et s'y répandaient, comme toujours se

---

[1]. La première édition *espagnole* du second *Lazarille* paraît être celle de Madrid, 1844, in-8°.

[2]. *Cathalogus librorum, qui prohibentur mandato ill^{mi} et rever^{mi} D. D. Fernandi de Valdes*, Valladolid, 1559, p. 59.

répand le fruit défendu ; d'autant mieux que ce fruit avait été naguères permis et que beaucoup y avaient mordu avec délices, qui s'en voyaient maintenant frustrés.

Philippe II, avec son grand sens pratique, comprit bientôt que ces mesures prohibitives n'avançaient à rien et n'obligeraient pas les Espagnols à renoncer à une de leurs lectures favorites. Mieux valait rendre le livre inoffensif en l'*émendant*. Il confia ce soin à son historiographe, Juan López de Velasco, en lui assurant pour quelques années le droit exclusif d'imprimer et de vendre le nouveau *Lazarille* avec la *Propaladia* de Torres Naharro et les poésies de Cristóbal de Castillejo, autres œuvres prohibées, que ce personnage avait également entrepris d'expurger de leurs libertés audacieuses.

L'avis au lecteur de ce *Lazarille*, à l'usage du bon peuple d'Espagne, imprimé à Madrid, 1573, en un volume, dont la *Propaladia* de Naharro occupe la première partie, est ainsi conçu :

« Quoique le petit traité de la vie de Lazarille de Tórmes n'ait pas, en ce qui touche la langue, autant d'importance que les œuvres de Cristóbal de Castillejo et de Bartolomé de Torres Naharro, il nous rend toutefois avec tant de vie, d'exactitude, d'esprit et de grâce les choses qu'il a voulu peindre, qu'en son genre il mérite d'être apprécié ; et il l'a toujours été et par tout le monde. Aussi, quoiqu'il fût défendu en ces royaumes, le lisait-on et l'imprimait-on constamment au dehors. C'est pourquoi, avec la permission du Conseil de la Sainte Inquisition et du Roi notre Sire, nous y avons corrigé certaines choses pour lesquelles il avait été prohibé, et en avons enlevé toute la seconde partie, laquelle, n'étant point du premier auteur, a paru fort impertinente et insipide [1]. »

Velasco usa largement de l'autorisation que lui conférèrent les Inquisiteurs de châtrer le petit livre, déjà bien écourté sous sa forme première ; ses ciseaux firent tomber les deux chapitres du père de la Merci et du trafiqueur d'indulgences, puis, çà et là, quelques membres de phrase jugés par trop irrévérencieux. Ainsi, lorsque Lazarille dit de la monstrueuse ladrerie de son second maître : « J'ignore s'il « la tenait de sa nature ou s'il l'avait endossée « avec l'habit de prêtrise », comment Juan López de Velasco aurait-il pu ne pas omettre cette dure malice ?

A défaut de l'autre, le *Lazarille* tronqué et rogné continua d'être lu en Espagne et y alimenta longtemps le commerce de la librairie,

---

[1]. Une description figurée du titre de cette édition se trouve dans le *Catálogo de la biblioteca de Salvá*, n° 1458.

jusqu'au jour où les entraves mises à l'impression et à la vente du texte complet furent définitivement levées[1]. Une liste des éditions du *Lazarillo castigado,* comme on le nomme communément, manquerait d'intérêt. Il suffit de savoir qu'on le trouve, soit imprimé à part en un très petit volume, dont la typographie n'a rien à envier à celle de notre *Bibliothèque bleue,* soit réuni à un livre de civilité, le *Galateo español* de Lucas Gracian Dantisco[2].

Hors de la Péninsule, et même dans les pays soumis à la domination espagnole, *Lazarille* se conserve plus intact. Il semble que les rigueurs inquisitoriales n'aient pas atteint les typographes flamands ou italiens. A Milan (1587), à Bergame (1597), à Anvers aussi (1595 et 1602) et à la sévère « officine plantinienne », chez Balthazar Moretus, gendre du grand Christophe Plantin, c'est toujours le vieux *Lazarille,* avec ses verdeurs et ses intempé-

---

1. *La vida del Lazarillo de Tormes,* etc., nueva edicion, Madrid, avril 1831, in-12º, est encore expurgée.
2. *Galateo español agora nuevamente impresso y emendado. Autor Lucas Gracian Dantisco, criado de Su Magestad. Y de nuevo va añadido el destierro de la ignorancia, que es Quaternario de avisos convenientes a este nuestro Galateo. Y la vida de Lazarillo de Tormes, castigado.* Madrid, Luis Sanchez, 1599, in-12 oblong. C'est la première édition de ce recueil.

rances de langage, qui s'imprime et se vend. Comme il était naturel, nos libraires parisiens répètent les éditions plantiniennes et se moquent du *castigado*. Le corrigé de López de Velasco resta donc confiné en Espagne. A l'étranger, à peine en peut-on découvrir une seule réimpression, faite à Rome, en 1600, par un Pedro de Robles, qui la dédia au duc de Sesa, ambassadeur d'Espagne près la cour pontificale[1]; du moins n'en connaissons-nous pas d'autre.

Un détail est à noter dans ces éditions étrangères. Celles qui renferment à la fois la première et la seconde partie du roman[2] respectent scrupuleusement la division ancienne, c'est-à-dire qu'elles terminent la première au mariage du héros devenu crieur public, et commencent l'autre par le récit de ses gogailles avec des Allemands venus à Tolède, qu'il traîne à sa suite dans toutes les tavernes de l'impériale cité.

Au contraire, les éditions qui ne donnent que la première partie, comme celles de Plan-

---

1. *La vida de Lazaro de Tormes, y de sus fortunas y adversidades.* En Roma, por Antonio Facchetto, 1600. Con licencia de los Superiores. Un exemplaire à la Bibliothèque Impériale de Vienne.
2. Milan, 1587, et Bergame, 1597.

tin et les réimpressions parisiennes de 1601 et 1616, l'allongent d'un chapitre emprunté à la seconde, précisément de ce chapitre des Allemands, qui fut trouvé drôle et qui, à vrai dire, complétait bien le premier épisode de bonne vie du pauvre Lazarille, parvenu enfin, grâce à sa complaisance, au comble de la prospérité. C'est, en effet, après l'incident des ripailles tudesques que la Fortune, donnant un tour de roue, précipite ce plus heureux des trois dans de nouvelles misères, et que recommence pour lui une nouvelle série d'adversités.

L'idée de scinder ainsi le livre, de grossir l'une de ses parties aux dépens de l'autre, remonte à la première traduction française de *Lazarille* (1561)[1]; Plantin a suivi et les éditions postérieures ont consacré cette division, dont il n'y aurait pas lieu, après tout, de se formaliser beaucoup, si l'on était sûr que les deux *Lazarille* sont sortis de la même plume. Mais on croit être sûr du contraire, et, en ce cas, une telle coupure devient inacceptable.

En 1573, *Lazarille* avait subi une première

---

1. *L'histoire plaisante et facetieuse du Lazare de Tormes, Espagnol, en laquelle on peult recongnoistre bonne partie des meurs, vie et conditions des Espagnolz.* Paris, in-16, s. d.; mais le privilège est daté du 24 avril 1561.

revision destinée à en effacer les taches morales, mais qui laissait intacte la forme du livre, à ce point intacte que le reviseur n'hésitait pas à proposer *Lazarille* comme un modèle de bonne langue[1]. Cinquante ans plus tard, en 1620, notre roman, dont la réputation ne baissait pas, en subit une seconde d'un tout autre genre; il est vrai qu'elle s'opéra, non pas en Espagne et sous le regard sévère de Philippe II, mais à Paris et dans ce milieu de l'émigration espagnole qui ne se piquait guère de principes bien rigides. Cette fois, il ne s'agissait nullement de purger le livre de ses pointes mordantes contre le clergé et l'Eglise, — on les eût aiguisées, si l'on avait pu — il s'agissait d'en rajeunir le langage, sur lequel près d'un siècle avait passé, d'en polir le style maladroit et estimé fort barbare par les euphuïstes de l'époque[2].

---

1. López de Velasco s'est permis cependant quelques corrections de texte qui ne sont pas toutes mauvaises.

2. *Vida de Lazarillo de Tormes*, corregida y emendada por I. de Luna, Castellaño *(sic)*, interprete de la lengua española, Paris, M. D. XX *(sic)*; relié avec la *Segunda parte de la vida de Lazarillo de Tormes*, sacada de las coronicas antiguas de Toledo, por I. de Luna, etc. Paris, M. DC. XX. Il existe de ce livre une réimpression textuelle sur mauvais papier, qui porte au bas du titre: *En Zaragoça, por Pedro Destar, a los señales del feniz. M. DC. LII*,

L'Espagnol qui se chargea d'une si délicate opération, l'interprète et maître de langue Juan de Luna, était-il en état de la conduire à bonne fin ? A peine. Jean de la Lune, comme on le nommait à Paris[1], manquait un peu trop de littérature et d'humanités ; ce qui ne l'empêchait pas d'ailleurs de se croire très sérieusement, de par sa charge, expert juré en matière de beau langage.

« Tant de gens lisent ce livre, dit-il de *Lazarille*, et y étudient la langue espagnole, l'estimant un trésor et un répertoire de ses bonnes phrases ! Or, cela n'est pas ; car son langage est grossier, son style plat, sa phrase plus française qu'espagnole. Obligé, comme je le suis, de donner à mes disciples du pain de froment et non pas de son, je l'ai échardonné de mauvais mots, de plus mauvais accords et de très vicieuses constructions, comme pourra s'en convaincre qui conférera cette édition corrigée avec la précédente. Et je ne me suis pas montré bien rigoureux, car, si je l'avais été, rien ne serait resté sans changement ».

---

et qui a dû sortir d'une imprimerie française, comme le prouvent la faute répétée de *Castellaño* (sur les deux titres) et d'autres indices. Ici le nom de l'auteur est écrit : *H. de Luna*.

1. C'est ainsi que son nom est traduit dans le titre français (placé sous le titre espagnol) de ses *Dialogos familiares*, Paris, 1619.

Nous n'insisterons pas, en ce moment, sur la seule remarque intéressante de ce prologue, — le tour français que Luna croit sentir dans la phrase de *Lazarille* — nous réservant de traiter plus tard des questions que soulèvent la langue et le style de la nouvelle. Disons seulement que la revision de Juan de Luna, quelque gauche et superficielle qu'elle soit, n'en reste pas moins instructive. Par les changements qu'il opère, Luna montre ce qui n'avait plus cours du vieil idiome castillan du xvie siècle dans la langue transformée de la première moitié du xviie, et cela déjà a de l'importance; puis il lui arrive parfois aussi d'apercevoir des fautes, de rectifier à sa manière des passages évidemment altérés, d'en donner l'équivalent dans son langage. Bref, ce *Lazarille* rajeuni sert en quelque sorte de commentaire à l'ancien et le fait souvent mieux comprendre.

Mis en goût par ce travail de correction, Luna voulut montrer que ses aptitudes ne se bornaient pas à redresser le style d'autrui, mais qu'il saurait bien, tout comme un autre, inventer et écrire une histoire. Il fit ce que les Lujan de Sayavedra, les Fernández de Avellaneda, continuateurs du *Guzman de Alfarache* et du *Don Quijote,* avaient fait quelques années auparavant. Lui aussi composa une suite à l'œuvre d'un premier auteur; plus exactement, il refit la seconde partie du *Lazarille*, ce Lazarille aquatique qui avait si mal réussi, et qu'il remplaça par un autre conte, d'où est entièrement banni le merveilleux, mais où, en revanche, la note libre et frondeuse à l'endroit de l'Inquisition et du clergé est fort accentuée. Luna se proposait même d'ajouter encore au roman une troisième partie, qui devait nous mener jusqu'à la mort du héros; il y renonça, et nous n'avons pas précisément lieu de nous en plaindre.

Ici doit se terminer cette notice bibliographique, aucune des très nombreuses éditions de *Lazarille* postérieures à Luna, et publiées soit en Espagne soit à l'étranger, ne méritant d'être prise en considération. Copies infidèles d'exemplaires déjà détériorés, ces éditions ne servent qu'à attester le succès persistant de la célèbre nouvelle : pour nous elles ne comptent pas. Ainsi, malgré son titre prétentieux, la *nueva edicion notablemente corregida é ilustrada* de Joaquin Maria de Ferrer (Paris, 1827), où ne figure que le premier *Lazarille*, redresse bien peu de fautes, et les notes qui l'accompagnent laissent subsister la plupart des vraies difficultés. L'édition de Madrid, 1844, dont les préliminaires sont signés Benito Maestre, et celle de la *Biblioteca de autores españoles* de Rivadeneyra, où ont été réunies les deux parties primitives et la suite de Luna, valent moins encore[1].

Le moment semble venu de réimprimer correctement la célèbre nouvelle, en l'entourant d'un commentaire sobre et solide dont elle ne saurait guère se passer. L'érudit qui se chargerait de cette tâche aurait à se pourvoir d'une copie de l'édition de Burgos, 1554, qu'il rapprocherait de celle d'Alcalá de la même année et des premières éditions anversoises, en ayant toujours sous les yeux et le texte expurgé de 1573, à cause de ses corrections, et le remaniement de Luna.

C'est en Angleterre seulement qu'un tel travail pourrait être exécuté.

---

1. Un exemple, en passant, de la confiance que doit inspirer le texte de cette *Bibliothèque* si répandue. Dans le chapitre de l'écuyer, Lazarille conte comment, lorsque son troisième maître l'abandonne, il est recueilli à Tolède par de pauvres ouvrières en bonnets. Or, ici *bonetes* a été remplacé par *botones*! Pourtant les bonnets de laine fabriqués à Tolède sont bien connus. Vers 1530, c'était une élégance que de porter une *media gorra toledana* (Guevara, *Epistolas familiares*, I, 30).

II. — L'AUTEUR
DU PREMIER LAZARILLE
DE TORMES.

Trouvera-t-on jamais la clef du problème ? A première vue, cela semble difficile ; mais il faut savoir compter sur le hasard. Une découverte imprévue d'un fureteur quelconque nous révélera peut-être un jour ce nom jusqu'ici cherché avec si peu de succès. Ce qui pour l'heure nous incombe, c'est de raconter l'histoire de ces tentatives infructueuses et de remonter à la source de traditions acceptées trop légèrement et auxquelles le patronage de personnes graves a donné une valeur très exagérée. Sans doute, c'est déjà quelque chose que d'obtenir un résultat négatif, de détruire des légendes et de démontrer, par de bonnes raisons, qu'on ne sait rien. Ainsi l'on prépare le terrain à de nouvelles et plus heureuses investigations ; l'on vient singulièrement en aide aux chercheurs de l'avenir.

Il s'agit, en ce moment, de l'auteur du premier *Lazarille*, du *Lazarille* imprimé pour la première fois à Burgos, en 1554. La seconde partie de la nouvelle, dont l'édition princeps date de 1555 et sort des presses d'Anvers, ne nous occupe pas ; car pour parler de celui qui l'a écrite, il faudrait aborder certaines questions de langue et de style qui entraineraient trop loin et ne pourraient être convenablement débattues et élucidées ici. Nous nous en tenons donc uniquement au premier *Lazarille*.

Rappelons, une fois pour toutes, que ce *Lazarille*, dans ses diverses éditions publiées soit en Espagne soit à l'étranger, n'a jamais porté sur son titre de nom d'auteur, et que seuls des érudits ou des imprimeurs de nos jours, se croyant à tort bien informés, ont pris sur eux de lever le voile de l'anonyme et de signer le livre : *Diego Hurtado de Mendoza*. Rappelons également que ni le secrétaire de Philippe II, Juan López de Velasco, commis à la charge d'expurger le roman (1573), ni l'interprète Juan de Luna, qui le modernise et le continue (1620), n'ont même donné à entendre qu'ils s'étaient fait une opinion sur son auteur présumé. Cette réserve prudente des deux principaux reviseurs de *Lazarille* est, on en conviendra, significative ; elle nous prouve tout au moins que ni l'un ni l'autre n'accordaient le moindre crédit aux rumeurs vagues qui pouvaient courir de leur temps sur le compte de tel ou tel écrivain, et que, de leur côté, ils n'avaient rien trouvé.

Où ont pris naissance ces rumeurs et qui les a propagées?

Le premier Espagnol qui ait écrit sur la matière est un moine hiéronymite, le P. José de Sigüenza, auteur d'une grande histoire de l'ordre de saint Jérôme qui passe pour un des meilleurs textes de langue de l'école classique[1]. Publiée à Madrid, en 1605, la troisième partie de cet ouvrage traite, en un de ses chapitres, du général de l'ordre, Fr. Juan de Ortega, élu en 1552 et qui parvint avec peine à se maintenir en fonctions pendant les trois années que devait durer son généralat : des réformes qu'il avait voulu introduire dans le mode des élections ayant soulevé contre lui le parti conservateur de l'ordre. Au chapitre de 1555, l'année où expirait son mandat, Ortega et ses amis furent violemment attaqués, déclarés inhabiles à exercer à l'avenir aucune charge « de gouvernement » et punis de diverses peines et pénitences. Ortega se soumit, refusa un évêché que lui avait fait offrir Charles-Quint et préféra vivre dans l'exil à Valence.

---

1. *Tercera parte de la historia de la orden de San Gerónimo*, Madrid, 1605, p. 183.

Plus tard, sur les instances de la princesse Dª Juana, il consentit à se rendre au monastère de Yuste et à y reprendre la direction de travaux d'installation, dont l'empereur, résolu à finir ses jours dans cette austère retraite, l'avait précédemment chargé[1].

Sigüenza retrace de ce général un portrait fort séduisant : homme d'entendement très ouvert, vif et joli esprit, affable et doux, nullement renfrogné (*poco encapotado*), ami des bonnes lettres. Il ne reproche à Ortega que son caractère remuant et novateur, qui devait lui coûter cher ; et, après avoir conté sa disgrâce, il ajoute, à titre de renseignement qu'il n'entend pas garantir, les paroles que voici :

« On dit que dans sa jeunesse, étudiant à Sàlamanque, grâce au gentil et plaisant esprit dont il était doué, Ortega écrivit ce petit livre si connu, intitulé *Lazarillo de Tórmes,* dans lequel — quoique le sujet en soit fort humble — il sut garder la propriété de la langue castillane et rendre le caractère des personnages qui y figurent avec tant d'art et de gaîté, que tous les gens de goût prennent plaisir à le lire. Et la preuve qu'on en donne, est que le brouillon de *Lazarille,* écrit de sa propre main, fut trouvé dans sa cellule ».

---

1. Gachard, *Retraite et mort de Charles-Quint au monastère de Yuste*, Bruxelles, 1854, t. I, p. 48.

Assurément il ne saurait nous déplaire qu'un moine d'un ordre si rigide, si bien vu de Charles-Quint et de Philippe II, eût raillé, avec la cruauté qu'on sait, la société espagnole et particulièrement le clergé séculier et régulier ; il serait piquant qu'un tel livre fût sorti d'un tel milieu. Par malheur, rien n'est venu jusqu'ici appuyer le on-dit de Sigüenza. Ah ! s'il était permis de le prendre à la lettre, si effectivement le brouillon de *Lazarille* avait un beau jour apparu dans la cellule de ce moine, la question serait, ou à peu près, vidée. Mais quel fond doit-on faire sur une affirmation de cette nature ? Ce que, depuis le livre de Sigüenza, nous avons appris touchant Ortega, grâce aux recherches de Gachard, nous laisse dans le même embarras. Les renseignements si habilement recueillis par l'érudit belge sur les dernières années de Charles-Quint ne confirment ni n'infirment le récit de l'historien hiéronymite, qui subsiste tel quel, attendant qu'un argument décisif l'autorise ou en démontre l'inanité.

Pendant longtemps, le passage de Sigüenza qu'on vient de produire resta enfoui dans son gros livre ; personne n'y prit garde. Il fallut qu'une autre prétention se fît jour pour qu'on l'y déterrât.

C'est en 1607, deux ans après la publication de l'ouvrage de Sigüenza, que, pour la première fois, un bibliographe prononce le nom de Diego Hurtado de Mendoza, et n'hésite pas à ranger *Lazarille* parmi les œuvres dues à la plume de ce grand personnage : « Diego Hur-
« tado de Mendoza, noble homme, envoyé de
« César auprès des Vénitiens, écrivit, dit-on,
« un commentaire sur Aristote et l'histoire de
« la campagne de Tunis, à laquelle il prit part
« et qu'il dirigea. Il possédait une bibliothèque
« très fournie d'anciens auteurs grecs, qu'il
« légua en mourant au roi Philippe II. Il com-
« posa aussi des poèmes en langue vulgaire et
« le plaisant livret, intitulé *Lazarille de Tór-*
« *mes* ». Voilà ce qu'on lit dans le *Catalogus clarorum Hispaniæ scriptorum* du Belge Valère André[1]. Pour expliquer l'extrême concision du bibliographe, il faut dire que ce catalogue n'est guère que l'ébauche d'un ouvrage plus considérable d'un autre Belge, l'*Hispaniæ bibliotheca* d'André Schott, publiée l'année d'après, en 1608, et qui peut passer pour le premier essai sérieux d'une bibliographie espagnole. Schott, avant de rédiger sa *Bibliothèque,*

---

1. *Catalogus clarorum Hispaniæ scriptorum...* opera ac studio Valerii Andreæ Taxandri (de Desschel, en Brabant), Mayence, 1607, p. 44.

en avait fait dresser la table par son secrétaire Valère André, et cette table, imprimée en 1607 sous le titre de *Catalogus*, fut communiquée aux savants d'Espagne pour qu'ils en fissent la revision. L'*Hispaniæ bibliotheca* n'est donc que la refonte améliorée et augmentée du *Catalogus*[1]. Or, en rédigeant à nouveau l'article Mendoza, Schott prit soin d'atténuer et d'expliquer un peu l'affirmation si péremptoire de son secrétaire : « Eius « (Mendoza) esse putatur satirycum illud ac « ludicrum *Lazarillo de Tormes*, cum forte Sal- « manticæ civili juri operam daret ». Ainsi l'on ne parle plus maintenant que d'une croyance générale (*esse putatur*) et l'on ajoute, comme pour Ortega, que c'est à Salamanque, étant étudiant, que Mendoza aurait conçu l'idée de la plaisante nouvelle[2].

La notice de Schott n'a pas de valeur par elle-même ; tout au plus nous représente-t-elle une opinion qui commençait à se répandre en Espagne au début du xviie siècle. Encore cette opinion ne devait-elle avoir cours que

---

1. Sur les rapports de Schott avec André, voir N. Antonio, *Bibliotheca hispana nova*, éd. de 1783, t. I, p. xii, et la *Biographie nationale*, publiée par l'Académie royale de Belgique, Bruxelles, 1866, t. I, col. 281.
2. *Hispaniæ bibliotheca*, Francfort, 1608, p. 543.

dans un cercle assez restreint d'érudits et de bibliographes, puisque ni l'éditeur des poésies de Mendoza (1610)[1], ni Baltasar de Zúñiga, auteur d'une courte biographie de ce personnage (1627)[2], n'y font la moindre allusion, ne marquent en aucune manière que ce bruit leur ait paru digne d'être seulement noté au passage.

Mais le racontage de Schott se propage au XVIIe siècle, grâce à Tamayo de Vargas, compilateur érudit, quoique fort dépourvu de critique et discrédité par son intervention dans la triste affaire des fausses chroniques[3]. Dans sa *Junta de libros, la mayor que España ha visto hasta el año 1622,* bibliographie manuscrite, qui, dans quelques cas, peut encore être utilement consultée, Tamayo (à l'article *Mendoza*) se réclame des Belges, André et Schott, et adopte leur avis : « Comunmente se attribuie este « graciosissimo parto (*Lazarille*) al ingenio de

---

1. *Obras del insigne cavallero Don Diego de Mendoza, embaxador del emperador Carlos Quinto en Roma,* recopiladas por Frey Juan Diaz Hidalgo, Madrid, 1610, in-4°.
2. *Breve memoria de la vida i muerte de Don Diego de Mendoza, escrita por don Baltazar de Çuñiga,* dans l'édition de la *Guerra de Granada* de Mendoza, publiée à Lisbonne, 1627, in-4°.
3. J. Godoy Alcántara, *Historia crítica de los falsos cronicones,* Madrid, 1868, p. 221.

« D. Diego de Mendoza ». Puis, le premier, il renvoie au passage de Sigüenza sur Ortega, sans d'ailleurs y attacher d'importance. La présence d'un brouillon de *Lazarille,* dans la cellule de ce religieux, à une époque où les livres imprimés étaient rares et où on les copiait parfois encore à la plume, ne lui paraissant pas constituer une preuve suffisante[1]. Il se range donc à l'opinion des partisans de Mendoza, qui, quelque cinquante ans plus tard, devaient trouver en Nicolas Antonio, le grand-maître de la bibliographie espagnole, un appui plus sérieux :

« Tribuitur etiam nostro, juvenilis ætatis,
« ingenio tamen ac festivitate plenus, quem
« Salmanticæ elucubrasse dicitur, libellus,
« scilicet : *Lazarillo de Tormes* indigitatus »,
dit ce savant de Mendoza; puis il ajoute :
« Quamvis non desit qui Joannem de Ortega,
« Hieronymianum monachum, hujus aucto-
« rem asserat, Josephus videlicet Seguntinus
« in cius ordinis historiæ lib. I, cap. xxxv[2] ».
On voit que N. Antonio ne se prononce pas entre ces deux opinions, qu'il enregistre simplement, sans même les discuter : preuve évi-

---

1. Ms. de la Bibliothèque nationale de Madrid, Ff 23, p. 136.
2. *Bibliotheca hispana nova,* Madrid, 1783, t. I, p. 291.

dente qu'il n'en savait pas plus long sur le sujet que ses prédécesseurs. Mais, telle est l'autorité de ce savant, qu'une attribution consignée par lui dans son livre, alors même qu'il ne la recommanderait pas, passe facilement pour chose avérée, pour article de foi. Ici, en reléguant à la fin de sa notice la version de Sigüenza, Antonio en a diminué la valeur ; on s'est habitué à n'en parler qu'après l'autre, quand, au contraire, on devrait l'examiner tout d'abord, ayant été formulée la première et en termes relativement précis.

Avant d'aller plus loin et de poursuivre méthodiquement cette enquête, demandons-nous qui était ce Mendoza, dont le nom est ainsi venu s'attacher au *Lazarille*.

Diego Hurtado de Mendoza, surnommé le Savant[1], appartenait à l'une des branches les plus illustres de cette grande maison de Mendoza, qui passe, à juste titre, pour une des premières d'Espagne. Nulle n'a récolté plus de gloire, nulle n'a été plus puissante, plus fastueuse et plus riche. Et quoi de comparable à son origine, qu'une belle légende remonte jusqu'au Cid Campeador dont les

1. « Don Diego Hurtado de Mendoza, *el Sabio* » (Cabrera, *Historia de Felipe II*, Madrid, 1877, t. III, p. 356).

Mendoza auraient gardé les armes ? Mendoza — chacun le sait — porte de sinople à la bande de gueules bordée d'or, « parce que « le Cid répandait le sang des Maures, « qui est rouge, dans le champ, qui est « vert[1] » : héroïque blason, auquel une alliance joignit plus tard l'*Ave Maria* des Vega, gagné au rio Salado par le preux Garcilaso[2]. Au commencement du xvii° siècle, cette gigantesque famille comptait soixante majorats, dont beaucoup étaient titrés, et de quels titres ! Duc de l'Infantado, titre du chef, qui, à lui seul, commandait à trente mille vassaux, la plupart nobles[3]; marquis de Santillana ; comte du Real de Manzanares ; comte de Saldaña ; marquis de Mondéjar ; comte de Tendilla, etc.

Né à Grenade, en 1503, notre Don Diego était le cinquième fils d'Iñigo López de

---

1. « *Blason de armas abreviado*, por Garci Alonso de Torres, rey de armas, llamado Aragon, del señor rey Don Fernando el 5° » (ms. de la Bibiothèque nationale, Esp. 347, fol. 106).

2. Ce Garcilaso, on ne l'ignore pas, tua le Maure qui avait profané le divin emblème en l'attachant à la queue de son cheval.

3. « El [señor] de mas vasallos, pues tiene treinta mil, y los mas hidalgos: el duque del Infantazgo » (*Miscelanea* de Zapata; dans le *Memorial histórico español*, Madrid, 1859, t. XI, p. 56).

Mendoza, deuxième comte de Tendilla, et de
Francisca Pacheco. Dans une telle famille et
à une telle époque les cadets se tiraient d'affaire. Diego essaya d'abord de l'église[1], étudia
à Salamanque, mais, à ce qu'il semble, renonça de bonne heure à la carrière ecclésiastique, et partagea son temps entre les armes
et les lettres. Il se rendit en Italie, où souvent on le vit déposer la pique pour entendre
les leçons des doctes maitres de Bologne, de
Padoue et de Rome. Cette éducation, à la fois
militaire et savante, devait en faire un des
hommes les plus accomplis de son temps et le

---

1. « En su mocedad siguió la profession ecclesiastica
« ...Siendo embaxador en Venecia dexó aquellos habitos
« con occasion de embiarle el emperador Carlos V por
« embaxador a Roma, en tiempo del papa Paulo III »
(Baltasar de Zúñiga, *Breve memoria*). La profession
ecclésiastique de Mendoza, qu'on a, bien à tort, révoquée
en doute (W. I. Knapp, *Obras poéticas de D. Diego Hurtado de Mendoza*, Madrid, 1877, p. xvi), nous est confirmée
par l'intéressé lui-même : « El lugar que todos los em-
« bajadores de V. M^d... han tenido era cabe el papa...
« Dicen que se da por razon de la persona. Sea por lo
« que fuere, yo lo tengo; y, para este efecto y para
« estorbar muchas speranzas que se tenian en *mi clerecia*,
« ... me he puesto habito de lego » (Mendoza à Charles-
Quint, Rome, 2 mai 1547; *Dokumente zur Geschichte
Karl's V, Philipp's II und ihrer Zeit*, publ. par J. von
Döllinger, Ratisbonne, 1862, p. 59).

préparait fort bien aux fonctions de diplomate, qu'il exerça à plusieurs reprises, notamment au concile de Trente, puis auprès du pape Paul III, alors que s'agitait la grave question du transfert du concile à Bologne. Diego trouva en Paul III un adversaire digne de lui : Farnèse tenait tête à Mendoza. Tous deux bataillaient pour leur cause avec la même opiniâtreté, la même acrimonie et la même violence. Aucun ne voulut céder ; mais le pape mourut. Sous Jules III, Mendoza négocia plus facilement ; toutefois son caractère hautain et emporté lui aliéna bientôt le nouveau pape, qui obtint de Charles-Quint le rappel de Don Diego. Rendu à sa patrie, Mendoza n'y conserva pas longtemps, sous le fils du grand empereur, la faveur dont il avait joui précédemment. Philippe II détestait l'arrogance des familles de la grandesse ; en toute occasion, il cherchait à ravaler ces orgueilleux vassaux et à leur faire sentir son despotisme de roi légiste et paperassier. Mendoza n'était pas homme à courber l'échine et à ne pas commettre d'imprudences. Il en commit, se prit un jour de querelle, en plein palais royal, avec quelque gentilhomme, et y fut arrêté pour cause de manquement à la personne du roi. Conduit à la forteresse de Medina del Campo, puis exilé à Grenade[1], il résida dans cette ville presque jusqu'à la fin de sa vie, y occupant ses loisirs, soit à écrire l'histoire de la révolte des Morisques dans les Alpujarras, dont il fut le témoin oculaire, soit à annoter des manuscrits grecs, soit à composer des terzines à la mode italienne. Il paraît être rentré en grâce auprès de Philippe II vers 1574[2]; du moins le voyons-nous, cette année-là, reprendre le chemin de la cour. Il n'y vécut pas longtemps; son biographe le mieux informé, Ignacio López de Ayala, dit qu'il mourut en avril 1575[3].

Tout ce qu'a fait Mendoza, comme militaire, diplomate ou écrivain, pèse peu en regard des services éminents qu'il a rendus aux lettres

1. En 1569. Voir les pièces qu'a publiées sur cette affaire D. Eloy Señán y Alonso, *D. Diego Hurtado de Mendoza, apuntes biográfico críticos*, Grenade, 1886, p. 53.

2. « Aunque andava muy de partida para acercarme a « essa Corte, todavia me daré mas prissa *con la occasion* « *de aver sido servido Su Magestad de darme licencia que* « *entre en ella a tratar de las quentas de Italia*, que, de « qualquier suerte, tengo en mucho esta merced » (Mendoza à Zurita, Grenade, 14 juin 1574; Dormer, *Progresos de la historia de Aragon*, éd. de Saragosse, 1878, p. 572).

3. *Vida de Don Diego Hurtado de Mendoza*, dans l'édition de la *Guerra de Granada*, publiée à Valence en 1776. Voir aussi la *Noticia histórica de Don Diego Hurtado de Mendoza*, du même, dans la *Continuacion del Almacen de frutos literarios*, n° 18, 7 décembre 1818.

grecques en réunissant ces précieux manuscrits qui forment aujourd'hui le plus bel ornement de la bibliothèque de Saint-Laurent. Sa gloire la plus pure est là. Au reste, en littérature, en érudition ou en histoire, Mendoza n'a été qu'un amateur et n'a jamais voulu se donner pour autre chose. Pas une ligne de ce qu'il a écrit n'a vu le jour de son vivant, car Mendoza dédaignait souverainement ces triomphes puérils de la vanité vulgaire. Il écrivait pour lui, pour un petit groupe d'amis choisis, des Antonio Agustin, des Zurita, et sans doute aussi pour de jolies femmes. Mais, imprimer ses *otia* de grand seigneur, ses fantaisies de fin lettré en villégiature dans les jardins de l'Alhambra ? Fi donc ! Tout au plus consentait-il à faire calligraphier, à l'adresse de quelque amie, un choix de ses rimes ; nous possédons un recueil de ce genre corrigé de sa main[1]. Même la *Guerre de Grenade,* l'œuvre à laquelle il devait tenir le plus, qu'il a le plus travaillée et polie, cette œuvre est à peine achevée et n'a certainement pas atteint le point de perfection où il eût désiré la con-

---

[1]. Bibliothèque nationale, ms. Esp. 311. Il a été établi, dans le *Catalogue des manuscrits espagnols de la Bibliothèque nationale,* p. 204, que les corrections de ce volume sont autographes.

duire. Mendoza s'est fatigué de ce pastiche des historiens antiques ; un beau jour il lui parut prétentieux d'écrire, en style de Thucydide et de Salluste, l'histoire des Morisques révoltés, et il s'arrêta. Vraiment il ne semble avoir eu d'autre ambition littéraire que celle d'attacher pour toujours son nom au legs splendide de ses manuscrits à Philippe II. On est heureux aujourd'hui de constater que cette donation, grâce aux efforts de quelques érudits étrangers[1], a pu enfin rendre au monde savant les services que Mendoza en attendait.

Et cet homme aurait écrit *Lazarille de Tórmes?* Est-ce croyable ?

Sans parler du silence de ses contemporains, qui, étant donnée l'importance du personnage, aurait lieu de surprendre beaucoup, comment admettre que ce haut et puissant seigneur, entiché de tous les préjugés de sa race, promu de bonne heure aux charges les plus considérables, ait pu songer un instant à écrire un tel livre ? Si *Lazarille* n'a pas été nécessairement composé par un croquant, il l'a été du moins par un homme que des revi-

---

1. Surtout de notre regretté Charles Graux, qui a si bien expliqué la formation de la *bibliothèque Mendoza* dans son *Essai sur les origines du fonds grec de l'Escurial*, Paris, 1880.

rements de fortune avaient initié aux misères des petites gens, qui avait frayé avec les deshérités, connaissait par le menu les difformités et les plaies des couches inférieures de la société laïque et ecclésiastique. Un Mendoza se tenait à une plus grande distance de ce monde de loqueteux, de curés rapaces et de marchands d'indulgences.

Prétendra-t-on que *Lazarille* aurait été écrit par Mendoza, à Salamanque, alors que, très jeune, il y étudiait le droit et pouvait trouver drôle de portraire ainsi des types qu'il avait dû rencontrer sur sa route et aux alentours des collèges? Mais jamais ce roman n'a pu être écrit par un jeune homme. Ses traits satiriques ont, par moment, trop d'amertume, trahissent une trop longue expérience des tristesses et des douleurs de l'existence pour qu'il soit permis de les attribuer à un étudiant, à un cadet de famille noble, qui certainement devait se faire de la vie une idée toute différente.

Parlera-t-on du style ? Mais qu'ont de commun, on le demande, le parler nu et roide, la phrase courte et condensée, bourrée d'allitérations et d'antithèses de *Lazarille* avec les œuvres légères et sérieuses du magnat castillan, ses *capítulos* à la Berni, très lâchés, souvent assez fades, ou bien ses sonnets, ses élégies, ses épîtres, d'un style plus remonté, ou bien les périodes savantes de sa *Guerre de Grenade ?* On dira peut-être que Mendoza n'est pas tout entier dans ses œuvres posthumes, si apprêtées, et que, pour mieux connaître la manière personnelle du diplomate érudit, il faut aller le surprendre dans sa correspondance, surtout dans les dépêches adressées à Charles-Quint pendant son ambassade de Rome, où l'impérieux et brusque Castillan s'abandonne et parle sa vraie langue. Ces lettres, en effet, sont d'une franchise, parfois d'une verdeur, qui scandaliseraient fort les personnes bien pensantes de nos jours, mais dont ne se formalisaient nullement même les bons catholiques du xvi° siècle. La personne du pape n'était point alors entourée de ce respect religieux qui la protège aujourd'hui.

Par exemple, Mendoza écrira, sans la moindre retenue, à propos d'un sauf-conduit qu'avait promis Paul III : « A Sa Sainteté et à sa parole « fier un gentilhomme ? Mais je ne lui fierais « pas un chat » ! Ou, un autre jour, à l'occasion d'un discours pathétique que lui avait tenu ce Farnèse : « Le pape a pleuré et fait « toutes les momeries et singeries qu'il sait « faire ». Incidemment et comme chose qui va de soi, il traitera Paul III de fourbe, de lâche et de coquin (*vellaco*), ou parlera de sa maladie secrète en termes d'une précision telle que le pontife, informé de ces révélations, en demeurera tout confus :

« V. Mag^d sea servido de resolverse o dilatar los negocios con Su Santidad conforme a lo que mejor le estuviere, porque yo sé, y creo que no me engaño, que el papa tiene una llaga en la pierna y otra en el miembro, y por ella hecha gran quantidad de materia. El çirujano le va a curar a tres horas de la noche secretamente y dize que no puede vivir y que se le pareçe en el color y flaqueza... La dolencia secreta del papa es verdad y en el miembro.... »

Et quelque temps après :

« El papa ha sido avisado que se escrivio de su mal en el miembro y lo ha sentido mucho ».

On connaît déjà l'arrogante réponse que Mendoza fit à Paul III, qui s'était plaint d'une protestation de l'ambassadeur et l'avait prié de respecter la maison où il se trouvait : « Je « répondis, écrit-il à Charles-Quint, que j'é- « tais gentilhomme, que mon père l'avait été ; « que, comme tel, je ferais au pied de la « lettre et en la meilleure forme possible ce « que mon maître m'ordonnait, et que, si je « passais la mesure en quoi ce fût, ce serait « parce que je croirais devoir le faire pour son « service et l'autorité de sa personne : cela

« sans la moindre crainte et sans égard pour
« Sa Sainteté, à qui je garderai seulement la
« déférence due à un vicaire du Christ. Que
« d'ailleurs, en ma qualité de serviteur et de
« ministre de Votre Majesté, je me considérais
« comme étant chez moi partout où je posais
« le pied ». Ainsi parlait à un pape l'ambassadeur du Roi Catholique en l'an 1548[1].

De ce qui précède, on tirera les conséquences qu'on voudra sur le tempérament et les allures, la façon de parler et d'écrire de Mendoza, mais tout cela ne nous rapproche guère de *Lazarille*. Que Mendoza ait eu le verbe haut, qu'il n'ait pas craint de nommer les choses par leur nom, qu'à diverses reprises, et surtout dans ses loisirs d'exilé à Grenade,

---

1. Ces extraits de lettres de Mendoza sont empruntés aux *Maximes politiques du pape Paul III touchant ses démêlez avec l'empereur Charles-Quint au sujet du concile de Trente, tirées des lettres anecdotes de Dom Hurtado de Mendoza, son ambassadeur à Rome, et publiées en espagnol et en françois* par M. Aymon, La Haye, 1716, in-12. Aymon prétend que les originaux de ces lettres ont été trouvés à l'Escurial, ce qui est possible ; mais lui a simplement emprunté les passages cités dans son livre à un manuscrit de la Bibliothèque nationale (fonds franç. 3107), dont il avait dérobé vingt-sept feuillets qui manquent aujourd'hui à ce volume. Ces feuillets contenaient l' « Extraict de lettres
« escrites par l'empereur Charles V a Dom Diego de
« Mendoça, son ambassadeur a Rome, et des responses

il se soit plu à rimer des pièces assez licencieuses, qu'est-ce que cela prouve et comment en pourrions-nous conclure que cet homme a dû, étant jeune, composer *Lazarille*, qui, vraiment, ne ressemble à rien de ce qu'a jamais écrit Mendoza ? Car si, entre autres, ses dépêches contiennent quelques morceaux vivement enlevés, il s'en faut de beaucoup qu'on y retrouve, en général, la manière sobre et si savoureusement concise de la nouvelle ; l'ensemble de cette correspondance diplomatique est même fort entortillée et obscure.

La vérité, la voici. On a rapporté *Lazarille* à Mendoza, parce que de bonne heure s'était formée autour de son nom comme une légende,

« du dict ambassadeur, durant le pontificat de Paul III. « 1547, 1548 ». Une copie de cet « Extraict » se trouve dans la collection Du Puy, vol. 15, fol. 35 à 42, et nous révèle la source des informations d'Aymon, coupable, on le sait, d'autres vols plus importants à la bibliothèque du Roi (L. Delisle, *Le cabinet des manuscrits de la Bibliothèque impériale*, Paris, 1868, t. I, p. 329). Quant à l'authenticité des extraits du livre d'Aymon, elle est incontestable et peut être établie à l'aide des lettres publiées par Döllinger (voy. ci-dessus, p. 152, note 1) et des analyses de la correspondance de Mendoza, faites par Tiran à Simáncas (Archives du ministère des affaires étrangères, Espagne, vol. 306).

parce que sa morgue, son esprit vif et indiscipliné, ses boutades et ses saillies lui avaient valu, en littérature, une réputation d'enfant terrible. Or, quand ces réputations-là sont bien établies, rien ne les déracine. Comme Quevedo, — qu'aujourd'hui encore on charge volontiers de toutes les *obras verdes* qui se vendent sous le manteau, en Espagne, — Don Diego a endossé la responsabilité d'œuvres où il n'a jamais mis la main : non seulement *Lazarille,* mais d'autres écrits de moindre importance, lettres satiriques ou pamphlets littéraires[1]. Son nom, toujours en faveur, assurait aux libelles anonymes une vogue surprenante. Inutile de chercher plus loin. La tradition qui impose *Lazarille* à Mendoza n'a pas d'autre fondement que ce besoin de mettre un nom connu, populaire sur un livre que son véritable auteur a, pour un motif quelconque, évité de signer. On chercha, au commencement du xvii° siècle ou un peu avant, le nom qui se prêtait le mieux à couvrir une marchandise sans propriétaire, et, Mendoza s'étant offert, ce fut lui qu'on prit.

---

1. Notamment la fameuse lettre sur les quémandeurs de places (*Carta de los catarriberas*), qui est d'Eugenio de Salazar; voyez *Romania*, t. III, p, 301.

Si, d'ailleurs, Nicolas Antonio ne l'avait pas faite sienne, en la consignant dans son livre, il est probable que cette fable serait depuis longtemps oubliée. Mais, à cause de cette recommandation, tout le monde, au XVIII° siècle et de nos jours, l'a répétée comme à plaisir. Il est bien entendu, il est prouvé, assure-t-on, que Mendoza est l'auteur de *Lazarille,* et à tel point prouvé que ce nom s'étale maintenant en belles lettres de forme sur toutes les nouvelles éditions du roman.

Pourtant, de divers côtés, partent quelques protestations. L'une surtout ne doit pas être négligée, car elle nous vient d'un homme considérable, le docte Gregorio Mayans.

« Je n'ai jamais pu croire, écrit-il à un de
« ses amis, en 1731, que le petit livre intitulé
« *El Lazarillo de Tórmes* fût véritablement l'œu-
« vre du très savant Diego de Mendoza. J'aime
« mieux m'en rapporter au père José de Si-
« güenza, qui l'attribue à un religieux de son
« ordre, le frère Juan de Ortega. Et qu'on ne
« s'étonne point qu'un moine ait pu s'em-
« ployer à cela, car alors la peste de ces livres
« s'était propagée par toute l'Espagne. C'est
« pourquoi aussi la *Picara Justina,* mise sous
« le nom d'un licencié Francisco de Ubeda,

« passe pour avoir été écrite par André
« Pérez, moine dominicain[1] ».

On aime à se sentir en compagnie d'un érudit tel que Mayans, à partager son opinion, à penser à peu près comme lui sur un point controversé de cette littérature espagnole qu'il connaissait si bien.

Un autre contradicteur, bien moins autorisé il est vrai, s'élève encore contre l'opinion reçue ; c'est l'auteur anonyme de la traduction de *Lazarille* insérée dans la *Bibliothèque universelle des romans*. A son avis, la nouvelle espagnole ne saurait être de Mendoza, qui « était un homme de cour, d'un esprit orné « et délicat… il est incroyable qu'il ait pu « le ravaler ainsi et égarer sa plume dans tant « de fautes contre le goût et la politesse « exquise[2] ». L'argument semble un peu faible, mais on n'est pas fâché qu'un Français du xviiie siècle, n'ayant pour lui que son tact et son bon sens, se soit au moins rendu compte de l'invraisemblance d'une prétention si mal fondée.

Pour finir, et pour mémoire seulement, il

---

1. *Gregorii Maiansii … epistolarum libri sex, ex musæo Gottlob Augusti Ienichen*, Leipzig, 1737, p 310. La lettre, datée du 27 mars 1731, est adressée à Miguel Egual.

2. *Bibliothèque universelle des romans*, août 1781.

faut encore noter un propos tenu sur notre nouvelle par un Anglais du siècle dernier, le Dr Lockier, doyen de Peterborough. « Laza-
« rille de Tórmes », conta un jour ce doyen au Rév. Joseph Spence, « fut écrit par quelques
« évêques espagnols pendant leur voyage au
« concile de Trente. Ce livre est de la meilleure
« langue. Lorsque, jadis, il m'arriva de dire à
« un Espagnol qu'il me paraissait surprenant
« que ces prélats eussent été si parfaitement
« au courant des pratiques des gueux et de la
« vie des bas-fonds, il me répondit que rien
« n'était plus naturel, la plupart de ces évê-
« ques ayant appartenu aux ordres men-
« diants[1] ». Le *Lazarille,* dû à la collaboration d'un groupe d'évêques, qui auraient ainsi charmé les ennuis d'un long voyage, cela ne serait pas peu divertissant! Après tout, qui sait?

Et maintenant voici le champ ouvert à de nouvelles conjectures et à de nouvelles recherches. Il nous a suffi, pour cette fois, de

---

1. *Anecdotes, Observations and Characters of Books and Men, collected from the Conversation of Mr Pope and other eminent persons of his time,* by the Rev. Joseph Spence, Londres, 1810. Les conversations de Lockier sont rapportées dans ce recueil de la page 59 à la page 79.

montrer qu'il était vraiment libre et qu'aucune des opinions émises sur l'auteur de *Lazarille* n'était de nature à gêner beaucoup celui qui entreprendrait un jour de déchiffrer cette énigme.

Mais où chercher et comment s'y prendre pour déterrer le mystérieux inconnu ? Le hasard, avons-nous dit, est un grand maître : à la condition, toutefois, qu'on lui vienne en aide, qu'on sache le servir. Pour que les investigations que nous désirons voir entreprendre un jour aboutissent, encore faut-il qu'elles soient judicieusement conduites.

A notre avis, deux points surtout sont à considérer : d'une part, l'agencement du livre, la façon dont il a été conçu et composé ; de l'autre, son esprit âpre et frondeur à l'égard, non pas des dogmes, mais des pratiques de l'Église et du clergé.

Malgré sa forme, qui trompe à première vue, *Lazarille* est bien moins un roman biographique et d'aventures qu'un roman de mœurs, un roman satirique. L'auteur, esprit très caustique et très observateur, n'a eu en vue que la satire sociale, ne s'est véritablement préoccupé que de cela : le reste, c'est-à-dire l'histoire qui relie les uns aux autres les épisodes de cette satire, ne compte guère, ni pour lui ni pour nous. En commençant à écrire, il s'est à peine demandé jusqu'où il conduirait le récit, quelles étapes il ferait franchir à son héros et quel serait le résultat de ses aventures. Qu'importe que Lazarille agisse de telle ou telle manière, qu'il meure plus tôt ou plus tard, qu'importe que ce roman à tiroirs ait une fin heureuse ou malheureuse ? Ce qui nous intéresse ici, ce n'est pas le héros, son caractère et ses sentiments, comme dans *Robinson* ou tel ou tel autre roman anglais, mais presque uniquement les divers milieux de cette société espagnole que traverse le *picaro* et où il nous promène à sa suite pour nous en dévoiler les faiblesses et les vices. L'imagination ne joue ici qu'un rôle secondaire, et plusieurs chapitres de cette nouvelle, qui semble si originale et qui l'est en effet à certains égards, ont été pris ailleurs. Ainsi le chapitre de l'aveugle, en tant que récit, est la répétition d'un vieux conte qui a défrayé nos farces françaises du moyen-âge comme il a défrayé, plus tard le théâtre populaire espagnol du XVIe siècle ; l'histoire du marchand d'indulgences et de ses supercheries relève directement d'un *novelliero* italien, Masuccio de Salerne. Mais le romancier espagnol a su rafraîchir ces vieilleries en les recouvrant d'une excellente couleur locale, en les animant de son humour si particulier, en les semant d'allusions mordantes qui trahissent ses intentions secrètes.

Lazarille se rattache étroitement à certaines variétés bien connues de la satire morale, telles que ces *Danses de la mort* et ces *Dialogues* à la façon de Lucien, où les « états du monde », c'est-à-dire les diverses classes de la société, sont mis sur la sellette et y deviennent l'objet, soit de graves remontrances, soit de fines et cruelles railleries. La seule innovation de *Lazarille* est le fil qui réunit ici ces portraits ailleurs isolés, ce récit autobiographique qui sert ici de transition et qui ramène à un personnage fort peu intéressant en lui-même toute une série de tableaux de mœurs et de traits satiriques.

Or, c'est aux alentours des frères Valdés, Juan et Alonso, dans ce groupe d'esprits très libres, tolérés un temps par Charles-Quint et que l'intransigeance de Philippe II devait plus tard extirper à jamais du sol de l'Espagne, c'est dans ce milieu d'écrivains et d'hommes d'État très préoccupés de questions religieuses et sociales, en littérature disciples et imitateurs de Lucien et d'Erasme, que fleurit particulièrement ce genre de moralités, pendant la première moitié du xvi° siècle, et c'est, si nous ne nous trompons, dans ce milieu-là qu'il conviendrait de chercher tout d'abord l'auteur de *Lazarille*.

L'esprit anticlérical, sinon antireligieux, du livre, est une donnée importante aussi, dont il faut tenir grand compte et qui précisément nous renvoie encore aux Valdés et à leurs amis. Tous ces libres penseurs sentaient plus ou moins le roussi, et si tous ne passèrent pas franchement dans le camp de la Réforme, n'embrassèrent pas ouvertement les doctrines de Luther ou de Calvin, il n'échappe à personne que leurs écrits frisent à tout instant l'hérésie et s'expriment sur le compte du clergé régulier et séculier avec un sans-gêne complet. Le *Dialogo de Mercurio y Caron* de Juan de Valdés, et ce curieux livre des Castagnettes (*El Crotalon*), dont l'auteur est inconnu, présentent de nombreux points de contact avec notre nouvelle : même liberté, même audace de langage, toutes les fois que des membres de l'Église sont en cause. En ce qui concerne particulièrement le *Crotalon*, l'enfance de cet Alexandre, qui en est le héros, n'a-t-elle pas quelque analogie avec les premiers chapitres de *Lazarille*?

Les deux livres, il est vrai, se ressemblent peu pour le style : autant le nôtre est sobre, nerveux, rapide, autant l'autre est lourdement pédant et enchevêtré; mais l'esprit en est à bien des égards le même.

En résumé, nous croyons qu'on ferait bien de fouiller avec grand soin cette province de la littérature espagnole du xvie siècle qui nous réserve encore plus d'une surprise, et peut-être réussira-t-on un jour à y découvrir l'écrivain, dont le nom, ignoré ou déjà célèbre, pourra être sûrement et définitivement inscrit sur le titre du *Lazarille de Tórmes*.

APPENDICE

Passages de l'édition d'Alcalá, 1554[1], qui ne figurent pas dans le texte courant de *Lazarille de Tórmes*.

I

Chapitre de l'aveugle

(Fol. 9 v°)... Sabes en que veo que las comiste tres a tres? En que comia yo dos a dos y callavas. » A lo qual yo (*sic*) yo respondi (*sic*).

Yendo que yvamos ansi por debaxo de unos soportales en Escalona, adonde a la sazon estavamos, en casa de un çapatero avia muchas sogas y otras cosas que de esparto se hazen ; y parte dellas dieron a mi amo en la cabeça. El qual, alçando la mano, toco en ellas, e viendo lo que era, dixome : « Anda presto, mochacho ; salgamos de entre tan mal manjar, que ahoga sin comerlo. » Yo que bien descuydado yva de aquello,

---

1. Voici le titre exact de cette édition, qui n'a jamais été décrite ni utilisée : *La vida de Lazarillo de | Tormes y de sus fortunas y adversidades. Nuevamente impressa | corregida y de nuevo añadi | da en esta segunda im | pression. | Vendense en Alcala de Henares, en | casa de Salzedo librero. Año | de M. D. LIIII.* Au v° du f. 46 : « *Fue impressa esta presente | obra en Alcala de Henares en casa | de Salzedo librero a veynte | y seis de febrero de mil | y quinientos y cin quenta y quatro | años.*

mire lo que era, y como no vi sino sogas y cinchas, que no era cosa de comer, dixele : « Tio, porque dezis esso ? » Respondiome : « Calla, sobrino, segun las mañas que llevas, lo sabras y veras como digo verdad. »

Y ansi passamos adelante por el mismo portal, y llegamos a un meson, a la puerta del qual avia muchos cuernos en la pared, donde atavan los recueros sus bestias ; y como yva tentando si era alli el meson, adonde el rezava cada dia por la mesonera la oracion de la emparedada, hazio de un cuerno y con un gran sospiro dixo : « O mala cosa, peor que tienes la hechura, de quantos eres desseado poner tu nombre sobre cabeça agena y de quan pocos tenerte ny aun oyr tu nombre por ninguna via ! » Como le oy lo que dezia, dixe : « Tio, que es esso que dezis ? — Calla, sobrino, que algun dia te dara este que en la mano tengo alguna mala comida y cena. — No le comere, yo dixe, y no me la dara. — Yo te digo verdad, sino verlo has, si bives. »

Y ansi passamos adelante hasta la puerta del meson, adonde pluguiere a Dios nunca alla llegaramos, segun lo que me suscedia (*sic*) en el.

Era todo lo mas que rezava por mesoneras y por bodegoneras y turroneras y rameras y ansi por semejantes mugercillas, que por hombre casi nunca le vi dezir oracion.

Reyme entre mi de los dichos, y, aunque mochacho, note mucho la discreta consideracion y palabras del ciego ; mas, por no ser prolixo, dexo de contar muchas cosas, assi graciosas como de notar, que con este ciego, mi primer amo, me acaescieron, y quiero dezir el despidiente y con el acabar.

Estavamos en Escalona, villa del duque della...

II

Chapitre du bulliste

(Fol. 40 v°)... Mas, con ver despues la risa y burla que mi amo y el alguazil llevavan y hazian del negocio, conosci como avia sido industriado por el industrioso y inventivo de mi amo.

Acaescionos en otro lugar, el qual no quiero nombrar por su honrra, lo siguiente, y fue que mi amo predico dos o tres sermones y do (*sic*) a Dios la Bulla tomavan. Visto por el astuto de mi amo lo que passava y que, aunque dezia se fiavan por un año, no aprovechava, y que estavan tan rebeldes en tomarla y que su trabajo era perdido, hizo tocar las campanas para despedirse, y, hecho su sermon y despedido, desde al pulpito, ya que se queria abaxar, llamo al escrivano y a mi que yva cargado con una[s] alforjas, e hizo nos llegar al primer escalon y tomo al alguazil las que en las manos llevava y las que no tenia, en las alforjas, pusolas junto a sus pies, y tornose a poner en el pulpito con cara alegre y arrojar desde alli de diez en diez y de veynte en veynte de sus bullas hazia todas partes, diziendo : « Hermanos mios, tomad, tomad de las gracias que Dios os embia hasta vuestras casas y no os duela, pues es obra tan pia la redempcion de los captivos christianos que estan en tierra de Moros, porque no renieguen nuestra sancta fe y vayan a las penas del infierno; siquiera ayudaldes con vuestra limosna y con cinco Pater nostres y cinco Ave marias para que salgan de cautiverio. Y aun tambien aprovechan para los padres y hermanos y deudos que teneys en el purgatorio, como lo vereys en esta sancta Bulla. »

Como el pueblo las vio ansi arrojar como cosa que

se dava de balde y ser venida de la mano de Dios, tomavan a mas tomar, aun para los niños de la cuna y para todos sus defunctos, contando desde los hijos hasta el menor criado que tenian, contandolos por los dedos.

Bimonos en tanta priessa que a mi aynas me acabaran de romper un pobre y viejo sayo que traya; de manera que certifico a V. M. que, en poco mas de un hora, no quedo bulla en las alforjas, y fue necessario yr a la posada por mas.

Acabados de tomar todos, dixo mi amo desde el pulpito a su escrivano y al del concejo que se levantassen, y, para que se supiesse quien eran los que avian de gozar de la sancta indulgencia y perdones de la sancta bulla y para que el diesse buena cuenta a quien le havia embiado, se escriviessen. Y assi luego todos de muy buena voluntad dezian las que avian tomado, contando por orden los hijos e criados e defunctos. Hecho su inventario, pidio a los alcaldes que por charidad, porque el tenia que hazer en otra parte, mandassen al escrivano le diesse autoridad del inventario y memoria de las que alli quedavan, que, segun dezia el escrivano, eran mas de dos mil.

Hecho esto, el se despidio con mucha paz y amor, y ansi nos partimos deste lugar. Y aun, antes que nos partiessemos, fue preguntado el por el teniente cura del lugar y por los rregidores si la bulla aprovechava para las criaturas que estavan en el vientre de sus madres. A lo qual respondio que, segun las letras que el avia estudiado, que no, que lo(s) fuessen a preguntar a los doctores mas antiguos que el, e que esto era lo que sentia en este negocio.

E ansi nos partimos, yendo todos muy alegres del buen negocio. Dezia mi amo al alguazil y escrivano : « Que os paresce como a (*sic*) estos villanos que con solo dezir : *christianos viejos somos,* sin hazer obras de charidad se piensan salvar, sin poner nada de su hazienda? Pues, por vida del licenciado Paschasio Gomez, que a su costa se saquen mas de diez cautivos! »

Y ansi nos fuymos hasta otro lugar de aquel cabo de Toledo, hazia la Mancha, que se dize (sic), adonde topamos otros mas obstinados en tomar bullas.

Hechas mi amo y los demas que yvamos nuestras diligencias, en dos fiestas que alli estuvimos no se avian echado treynta bullas. Visto por mi amo la gran perdicion y la mucha costa que traya, (y) el ardideza que el sotil de mi amo tuvo para hazer despender sus bullas fue que este dia dixo la missa mayor, y, despues de acabado el sermon y buelto al altar, tomo una cruz que traya de poco mas de un palmo y (en) un brasero de lumbre que encima del altar avia, el qual avian traydo para calentarse las manos, porque hazia gran frio. Pusole detras del missal, sin que nadie mirasse en ello, y, alli, sin dezir nada, puso la cruz encima la lumbre, y, ya que uvo acabada la missa y echada la bendicion, tomola con un pañizuelo, vien embuelta la cruz en la mano derecha, y en la otra la Bulla, y ansi se baxo hasta la postrera grada del altar, adonde hizo que besava la cruz e hizo señal que viniessen adorar la cruz. Y ansi vinieron los alcaldes los primeros y los mas ancianos del lugar, viniendo uno a uno, como se usa.

Y el primero que llego, que era un alcalde viejo, aunque el le dio a besar la cruz bien delicadamente, se abraso los rostros e se quito presto afuera. Lo qual visto por mi amo, le dixo : « Passo, quedo, señor alcalde, milagro! » Y ansi hizieron otros siete o ocho, y a todos les dezia : « Passo, señores, milagro! »

Quando el vido que los rostriquemados bastavan para testigos del milagro, no la quiso dar mas a besar. Subiose al pie del altar, y de alli dezia cosas maravillosas, diziendo que, por la poca charidad que avia en ellos, avia Dios permitido aquel milagro, y que aquella cruz avia de ser llevada a la sancta yglesia mayor de su obispado, que, por la poca charidad que en el pueblo avia, la cruz ardia.

Fue tanta la prissa que uvo en el tomar de la Bulla que no bastavan dos escrivanos ni los clerigos ni sacristanes a escrivir. Creo de cierto que se tomaron mas de tres mil bullas, como tengo dicho a V. M.

Despues, al partir, el fue con gran reverencia, como es razon, a tomar la sancta cruz, diziendo que la avia de hazer engastonar en oro. Como era razon, fue rogado mucho del concejo y clerigos del lugar les dexasse alli aquella sancta cruz por memoria del milagro alli acaescido. El en ninguna manera lo queria hazer, y, al fin, rogado de tantos, se la dexo. Con que le dieron otra cruz vieja que tenian antigua de plata, que podra pesar dos o tres libras, segun dezian; y ansi nos partimos alegres con el buen trueque y con aver negociado bien en todo.

No vio nadie lo susodicho sino yo, porque me subia par del altar para ver si avia quedado algo en las ampollas para ponello en cobro, como otras vezes yo lo tenia de costumbre. Y como alli me vio, pusose el dedo en la boca, haziendome señal que callasse. Yo ansi lo hize, porque me cumplia, aunque, despues que vi el milagro, no cabia en mi por echallo fuera, sino que el temor de mi astuto amo no me lo dexava comunicar con nadie ni nunca de mi salio, porque me tomo juramento que no descubriesse el milagro, y ansi lo hize hasta agora. Y, aunque mochacho, cayome mucho en gracia e dixe entre mi : « Quantas destas deven de hazer estos burladores entre la innocente gente. »

Finalmente estuve con este mi quinto amo cerca de quatro meses, en los quales passe tambien hartas fatigas, aunque me dava bien de comer, a costa de los curas y otros clerigos, do yva a predicar.

L'HISTOIRE
DANS
RUY BLAS

Victor Hugo est en passe de devenir un classique, même au sens restreint et scolaire du mot. Qui sait si, dans quelque temps, nos jeunes rhétoriciens ne peineront pas sur *Hernani* ou *La légende des siècles*, comme ils peinent aujourd'hui sur *Andromaque* ou *Britannicus*, et qui sait si bientôt les noms de Triboulet, Ruy le Subtil ou Goulatromba ne leur seront pas plus familiers que ceux des héros de l'antiquité ou des divinités de l'Olympe? Cela dépend, en somme, du caprice d'un ministre ou d'un conseil supérieur.

On peut prévoir le moment où les éditeurs de livres recommandés et imposés aux familles se disputeront l'œuvre du poète et la mettront en coupe réglée. La couverture vert académique de l'édition savante comme le petit cartonnage de l'édition destinée aux classes s'étaleront aux devantures des boutiques à l'époque de la rentrée. Il y aura concurrence entre les commentateurs de Hugo : tel, plus érudit et grammairien, tel, plus littéraire et plus riche en rapprochements heureux.

Essayons de travailler pour ces futurs glossateurs, dont la tâche sera épineuse et immense.

Qu'on ne se méprenne pas, au reste, sur nos intentions. Il ne s'agit pas ici de se donner le plaisir trop facile et très puéril de noter des lapsus ou des contresens dans les drames du maître et de livrer son œuvre aux railleries de pédants vulgaires. Et d'ailleurs, quand bien même le théâtre de Hugo ne formerait qu'un tissu d'énormes bévues historiques, la valeur de cette poésie n'en serait pas, pour cela, amoindrie. Ni les fanatiques, qui acceptent tout, ni les timides, qui admirent mais aimeraient à découper ces drames et à composer de leurs meilleurs morceaux une belle anthologie, ne se sentiraient par là le moins du monde atteints dans leur culte : le critique nain disparaît devant le poète géant.

Notre objet est tout autre. Nous ne cherchons qu'à montrer, par des exemples qui ont trait à l'histoire d'Espagne, comment le grand ouvrier rassemblait et triait les matériaux de ses fables, comment il les façonnait pour les plier à ses conceptions ou simplement aux exigences de la couleur, de la sonorité et de la rime. Et cela semble intéressant.

Si l'on a aujourd'hui choisi *Ruy Blas*, c'est que ce drame est, entre tous, celui qui se prête le mieux à une telle enquête, Hugo l'ayant d'ailleurs comme sollicitée, en nous donnant dans une note le prétexte et, en quelque manière aussi, les moyens de l'entreprendre :

Du reste, et cela va sans dire, il n'y a pas dans *Ruy Blas* un détail de vie privée ou publique, d'intérieur, d'ameublement, de blason, d'étiquette, de biographie, de chiffre, ou de topographie, qui ne soit scrupuleusement exact... Il (l'auteur) l'a déjà dit ailleurs, et il espère qu'on s'en souvient peut-être, *à défaut de talent, il a la conscience*. Et cette conscience, il veut la porter en tout, dans les petites choses comme dans les grandes, dans la citation d'un chiffre comme dans la peinture des cœurs et des âmes, dans le dessin d'un blason comme dans l'analyse des caractères et des passions. »

Voilà des paroles qui autorisent un examen minutieux et mettent à son aise un critique éplucheur. Procédons par ordre et parlons d'abord du sujet de la pièce avant de descendre aux détails.

Ce qui, huit ans après *Hernani*, a pu ramener Hugo au pays de l'honneur castillan, ce qui lui a suggéré l'idée de s'en prendre, cette fois, à une époque de décadence et de mêler son drame à la grandiose débâcle de la puissance espagnole est bientôt trouvé. Vers 1830, il y avait, si l'on peut ainsi dire, du Charles II d'Espagne dans l'air. Romanciers, dramaturges et artistes étaient hantés par la sombre vision du monarque décrépit et malsain dont la longue agonie coïncida avec l'affaissement de sa nation. Les uns insistaient particulièrement sur l'impuissance physique de l'héritier de Charles-Quint, impuissance qui fut, un temps, la plus grave préoccupation de Louis XIV et de sa diplomatie, et ils essayaient d'en tirer une donnée dramatique. Témoin *La Reine d'Espagne* de Henri de Latouche [1].

Représentée au Théâtre-Français, le 5 novembre 1831, cette indécente pièce, qui, à ce que nous apprend Sainte-Beuve, devait servir de « véhicule à une intention politique hostile » [2] ne recueillit que des sifflets et ne reparut jamais sur l'affiche. Bien certainement

---

1. *La Reine d'Espagne*, drame en cinq actes, représenté une seule fois sur le Théâtre-Français (5 novembre 1831), par M. H. de Latouche. Paris, 1831, in-8°.
2. *Causeries du lundi*, t. III, p. 386.

ce ne sont pas les balourdises historiques dont elle est remplie qui en déterminèrent la chute retentissante ; il faut néanmoins savoir gré au public d'alors de cette exécution sommaire, quels qu'en puissent être d'ailleurs les motifs. Pour se faire une idée des lectures espagnoles de Latouche et de sa connaissance du sujet, pas n'est besoin d'aller beaucoup au delà de la liste des personnages, où sont énumérés un « *Médina-Sidonia,* jeune moine qui s'est imposé le nom de *Frà-Henarès* », un *Almeido*, chambellan du Roi, une *marquise* de Sandoval, une *comtesse* de la Cerda. Ajoutons-y un « *Dom* Porto-Carrero, inquisiteur général *et* confesseur du Roi » : il s'agit du fameux cardinal Portocarrero, le grand ministre de Charles II et de Philippe V. Voilà pour l'histoire et la couleur. Quant à l'esprit et au ton de la pièce, qu'on en juge par cette scène entre le roi, son médecin français et son confesseur :

LE ROI.

... Je viens au fait, Messieurs. Je suis préoccupé d'une grande idée, une idée qui regarde tout l'avenir de l'Espagne.

MONVILLE, avec inquiétude.

Expliquez-vous, sire.

LE ROI.

J'ai le projet de perpétuer ma dynastie.

LE CONFESSEUR.

Et ce sera fort bien fait !

LE ROI.

Docteur, penses-tu qu'un homme de mon âge, soixante ans et un peu plus[1], mais un roi ! puisse avoir des enfants ?

MONVILLE.

Quelquefois, sire.

LE ROI.

Et à soixante-dix ans, mon bon ami ?

LE CONFESSEUR.

Toujours.

LE ROI.

Eh bien ! vous me comblez de joie... mais vos avis sur les moyens à employer afin qu'un si utile projet s'exécute au plus vite ? Docteur, tu es le plus jeune, tu parleras le premier.

MONVILLE.

Le saint homme que voilà, sire, vous dira mieux que moi, que quelquefois les résolutions humaines sont remplies de vanité. Vous triompherez sans doute ; mais j'estime

---

1. Rappelons que Charles II est mort le 1er novembre 1700, à l'âge de trente-neuf ans.

qu'il faut recourir à la clémence du ciel. C'est d'une nourriture purement divine que vos espérances doivent s'alimenter : priez, sire, jeûnez, macérez et mortifiez votre corps par tous les moyens que la religion enseigne.

LE ROI.

Tu crois?

MONVILLE.

Sire, mettez-vous en état de grâce comme s'il s'agissait d'obtenir un miracle.

LE ROI.

Et vous, mon père?

LE CONFESSEUR.

Ce qu'a dit le docteur, sire, est d'un excellent esprit. Seulement mon avis serait qu'il ne faut point négliger par intervalle les terrestres auxiliaires que Dieu a mis naturellement et avec indulgence à notre disposition.

LE ROI.

Et lesquels?

LE CONFESSEUR.

Par exemple, vous rapprocher quelquefois de la reine.

LE ROI.

Vous pouvez avoir raison.

LE CONFESSEUR.

Ensuite il serait profitable d'exciter doucement les esprits de Sa Majesté Catholique. On va une heure ou deux à la pêche ou à la chasse, on prend un peu d'exercice, en compagnie avec la reine. Enfin voulez-vous savoir ma pensée jusqu'au bout?

LE ROI.

Je vous en prie.

LE CONFESSEUR.

Eh bien! ne dédaignons quelquefois ni les collations succulentes, ni les vins généreux. Avec le secours spirituel de ces choses, sire, vous sentirez s'accorder les influences du ciel.

LE ROI, ôtant son chapeau.

Ainsi soit-il! [1]

Il y a encore dans ce drame, entre le Roi et Mme Jourdan, nourrice de la Reine, un dialogue qui est d'une assez jolie venue :

LE ROI.

Oui, madame Jourdan, c'est à moi que vous appartenez maintenant, et vos appointements courront de ce jour. Nourrice sur lieu, nourrice royale.

Mme JOURDAN.

Puisque vous le désirez, je le veux encore pour l'amour de notre Marie-Louise : je resterai ici deux ans de plus, afin d'élever votre prince des Asturies : mais permettez-moi de faire venir monsieur Jourdan pour me désennuyer un peu à la cour...

LE ROI.

C'est là une faveur qu'il faut demander spécialement à la reine.

Mme JOURDAN.

Et je la cherche avec vous pour cela. Elle doit être aux

---

1. Acte Ier, scène 5.

environs de ce casin, m'a-t-on dit, peut-être dans l'intérieur : entrons.

LE ROI.

Entrons. — Ah! non pas : voici qui défend de troubler cette pieuse retraite.

Mme JOURDAN.

Qu'est-ce que c'est que ça? des pantoufles?

LE ROI.

Vous voyez : les sandales de quelque frère du couvent des Hyéronimites.

Mme JOURDAN.

Et cela nous empêche d'aller retrouver votre femme?

LE ROI.

Vous êtes terriblement ignorante, ma mie. Toutes les fois que ce signe est laissé au seuil d'un appartement ou d'un oratoire, il veut dire, en Espagne, que la faveur de Dieu est implorée pour une âme pécheresse : qu'il y a un rapprochement essayé... entre la pénitente et l'absolution. De temps immémorial, les Espagnols comprennent et respectent ce symbole [1].

Dans la préface très dépitée qu'il mit à son drame, Latouche se réclame surtout de Mortonval et de son roman historique *Fray-Eugénio ou l'auto-da-fé de 1680* [2], qui n'est pas

---

1. Acte III, scène 9.
2. *Fray-Eugénio ou l'auto-da-fé de 1680*, par M. Mortonval (pseudonyme d'Alexandre Fursy Guesdon), auteur

plus mauvais que tant d'autres du même temps ; sans contredit il vaut beaucoup mieux que le *Piquillo Alliaga* de Scribe. Au moins l'auteur avait-il parcouru les mémoires du xviie siècle et quelques livres espagnols, notamment la relation du grand *auto de fé* de 1680. De tout cela il composa un récit agrémenté d'épisodes de son cru et où le fanatisme de Charles II, comme l'indique déjà le titre, occupe une place prépondérante. Incontestablement, l'histoire est moins défigurée chez Mortonval que dans la pièce de Latouche ou que dans un autre roman à peu près contemporain de Régnier-Destourbet : *Charles II et l'amant espagnol*[1].

Ce conteur-là s'en prend surtout à Marie-Louise d'Orléans, l'infortunée première femme de Don Cárlos ; et c'est, encore une fois, l'impuissance du souverain valétudinaire qui fait les frais de la narration, dont les détails attestent chez son auteur une ignorance aussi prodigieuse qu'ingénue des choses de l'Espagne. Un exemple suffit pour apprécier le

---

du Tartufe moderne et du comte de Villamayor. Paris, 1826, 4 vol. in-8.

1. *Charles II et l'amant espagnol*, par Régnier-Destourbet, auteur de Louisa et d'un bal chez Louis-Philippe. Paris, 1832, 4 vol. in-12.

L'HISTOIRE DANS RUY BLAS.

livre. Croirait-on que le grave dominicain Froilan Diaz, confesseur de Charles II, si connu pour avoir imaginé l'ensorcellement du roi[1], y est transformé en un chartreux de Jerez, nommé *Froy-Landias* ?

« Un bon gros homme de moine que tout le monde aime, qui aime tout le monde, et dont le seul défaut est de se laisser aller parfois au plaisir de la table ; c'est un gourmet qui attache plus d'importance à un cuissot de chevreuil bien rôti, qu'à la plus admirable question débattue en la Sorbonne de Paris. Sa bibliothèque est un peu en désordre ; mais sa cave est bien rangée. Il a trop peu d'admiration pour les dévotes acariâtres, mais il en a beaucoup trop pour la sœur Sainte-Placide, à cause de son savoir dans les ragoûts, de son habileté dans la casserole. Malgré ces défauts, Froy-Landias est l'ami du roi, qui, ayant été élève avec lui, vient voir de temps à autre son bon camarade à la chartreuse de Xérès[2]. »

Trois ans après la publication de cette fade et sotte histoire, ce fut au tour des artistes de nous offrir un Charles II digne de tout point des modèles si étrangement outrés du roman. *L'exorcisme de Charles II, roi d'Espagne,* tableau

---

1. *Proceso criminal fulminado contra el R^{mo} P. M. Fray Froylan Diaz, de la sagrada religion de Predicadores, confesor del rey N. S. D. Carlos II.* Madrid, 1787.
2. *Charles II et l'amant espagnol,* t. I, p. 4.

d'Adolphe Brune, exposé au Salon de 1835, nous représente D. Cárlos sous les traits d'un petit vieux idiot, que des prêtres et des moines, à la face livide et hébétée par le fanatisme, ont agenouillé de force sur un coussin et qu'ils pressent brutalement de se laisser exorciser. La lueur blafarde d'une torche, tenue par un des moines, éclaire cette sinistre scène[1].

On ne fera pas à Hugo l'injure de supposer un instant qu'il ait pu contracter quelque dette envers ces *minores* de la littérature et de l'art; son génie plane fort au-dessus de pareilles misères. Néanmoins, le hasard seul ne l'a pas transporté dans cette région de l'histoire d'Espagne. Personne, on l'a dit déjà, n'a plus souvent cédé aux mouvements de l'opinion, n'a plus facilement partagé les engouements momentanés de ses contemporains. Or, ces drames, ces romans, ces peintures avaient éveillé l'attention du public, l'avaient tant bien que mal initié aux incidents tragiques du règne de Charles II ; le sujet était de ceux que le premier venu se piquait de connaître. Il appartenait maintenant à un vrai poète d'en prendre possession, de le mar-

---

1. Une lithographie de ce tableau se trouve dans *L'Artiste*, t. IX, année 1835.

quer de sa griffe, d'en extraire si complètement toutes les ressources dramatiques qu'il n'y eût plus à y revenir. Hugo était ce poète. Qui mieux que lui pouvait ensevelir dans l'éternel oubli les tentatives antérieures d'auteurs infimes, et créer une œuvre, qui, désormais, mît le sujet hors de toute atteinte, le rendît comme inviolable et sacré ?

Ruy Blas, représenté pour la première fois, le 8 novembre 1838, jour de l'inauguration du théâtre de la Renaissance, fut écrit en cinq semaines, du 4 juillet au 11 août de cette même année 1838[1]. « Ce fut, de tous ses « drames, celui qui lui prit le plus de temps » fait dire Hugo à l'auteur de ses mémoires, et il nous donne à entendre que « le sujet le préoc- « cupait depuis longtemps », mais qu'au moment d'écrire la pièce, il en remania complètement le plan.

« Sa première idée avait été que la pièce commençât par le troisième acte : Ruy Blas, premier ministre, duc d'Olmedo, tout-puissant, aimé de la reine; un laquais entre, donne des ordres à ce tout-puissant, lui fait fermer une fenêtre et ramasser son mouchoir. Tout se serait expliqué après.

1. *Victor Hugo raconté par un témoin de sa vie*, Paris, 1868, t. II, p. 394. Les notes de *l'édition définitive* portent que le premier acte a été commencé le 8 juillet et le cinquième terminé le 11 août à 7 heures du soir.

L'auteur, en y réfléchissant, aima mieux commencer par le commencement, faire un effet de gradation plutôt qu'un effet d'étonnement, et montra d'abord le ministre en ministre et le laquais en laquais [1].

Que *Ruy Blas* ait coûté à Victor Hugo quelque travail et quelque réflexion, cela ne paraît pas douteux, et nous pouvons l'en croire sur parole ; mais qu'a-t-il lu et où a-t-il été prendre les éléments de sa pièce ?

Dans la *Note* qui accompagne le texte du drame et où auraient dû être indiquées ses principales sources, Hugo ne cite précisément pas les deux livres, on pourrait presque dire les deux seuls livres, auxquels il a eu recours et dont il a tiré les faits, les personnages et tous les détails de vie privée ou publique qui apparaissent dans *Ruy Blas*. Ces deux livres sont : les *Mémoires de la cour d'Espagne* par la comtesse d'Aulnoy, et l'*Etat présent de l'Espagne* par l'abbé de Vayrac. Au premier, Hugo a pris les rôles de la reine d'Espagne et de Ruy Blas, la vie et l'étiquette du Palais ; au second, ce qui concerne le gouvernement de la monarchie, l'administration, les généalogies des familles nobles, le blason.

---

1. *Victor Hugo raconté par un témoin de sa vie*, t. II, p. 393.

Les *Mémoires de la cour d'Espagne*, imprimés en 1690[1], et qu'il ne faut pas confondre avec la *Relation du voyage d'Espagne*, ne sont pas, comme celle-ci, une œuvre originale de Mme d'Aulnoy, mais bien un simple remaniement d'autres mémoires, attribués, sans preuves sérieuses, au marquis de Villars, ambassadeur de France en Espagne au temps de Charles II, et où sont racontés les événements les plus notables de la cour du Roi Catholique pendant les années 1679 à 1682. Mme d'Aulnoy eut communication, en manuscrit, de ce rapport diplomatique ; elle le délaya, dramatisa et embellit d'historiettes de son invention, comme on peut s'en convaincre en comparant son récit amplifié à celui de l'ouvrage original, qui fut imprimé aussi, mais seulement en 1733[2]. Comme nous allons avoir à nous

---

1. *Mémoires de la cour d'Espagne. Première partie* et *Seconde partie*, Paris, 1690, 2 vol. in-12. Deux fois réimprimés ; en dernier lieu, par Mme B. Carey, sous le titre de : *La cour et la ville de Madrid, vers la fin du XVIIe siècle (Deuxième partie)*, Paris, 1876, in-8º.

2. *Mémoires de la cour d'Espagne, depuis l'année 1679 jusqu'en 1682, où l'on verra les ministères de Dom Juan et du duc de Medina Celi, et diverses choses concernant la monarchie espagnole*, etc. Paris, 1733, in-12. Imprimés à nouveau, d'après un autre manuscrit, par W. Stirling, qui ne connaissait pas la première édition : *Mémoires de la cour*

référer souvent, dans le cours de cette étude, aux mémoires attribués à Villars et aux mémoires refaits par Mme d'Aulnoy, pour plus de clarté nous intitulerons les premiers *Mémoires originaux* et les seconds *Mémoires de Mme d'Aulnoy*. Victor Hugo, disons-le tout de suite, n'a pas connu les premiers, ou, s'il les a connus, il les volontairement négligés, et n'a entendu se servir que de la rédaction romanesque de l'imaginative comtesse.

Une première difficulté surgit et elle est grave. Voyons comment le poète s'en est tiré. Ces mémoires, qui traitent uniquement de Marie-Louise d'Orléans, première femme de Charles II, de son arrivée en Espagne, de son mariage et de ce qui lui advint jusqu'en 1682, — elle épousa le roi en 1679 et mourut en 1689, — ces mémoires ne pouvaient pas fournir, dans *Ruy Blas*, le personnage de la reine, qui, selon le poète lui-même, représente Marie-Anne de Neubourg, seconde femme de Charles. En effet, Hugo place son drame à « Madrid, 169... »; nous pouvons même préciser et

---

d'Espagne sous la (sic) *regne de Charles II (1678-1682)*, *par le marquis de Villars*, Londres, imprimerie de Whittingham et Wilkins, 1861, in-8°. Certains exemplaires, avec titre rectifié, portent l'adresse : *Londres, Trübner et Cie, 1861.*

dire : « en 1699 », puisqu'au cours de la pièce « l'infant bavarois se meurt »[1] et que cet infant, ou plutôt le prince électoral de Bavière, Maximilien Emanuel, prétendant à la couronne d'Espagne, mourut le 6 février de cette année[2]. En 1699, Marie de Neubourg était donc reine depuis neuf ans, ayant épousé Charles un an après la mort de Marie-Louise. Cela posé, que vient faire ici le livre de Mme d'Aulnoy ?

Il semble qu'il n'y eût, dans l'espèce, que deux façons de procéder. Ou reculer la date du drame, le placer avant 1689, pour ne pas perdre le bénéfice des *Mémoires*, pour être pleinement en droit d'utiliser les informations et bavardages de cette gazette du palais ; ou bien garder 1699 et Marie de Neubourg, en renonçant alors à la comtesse, dont le livre ne concerne en aucune façon ni cette dernière reine ni cette époque, et en cherchant ailleurs de quoi composer le personnage. En résumé, ou Marie-Louise d'Orléans avec Mme d'Aulnoy, ou Marie-Anne de Neubourg sans M^{mo} d'Aulnoy.

1. Acte III, scène 2.
2. Lettre de Louis XIV au marquis d'Harcourt, du 8 février 1699 (Hippeau, *Avènement des Bourbons au trône d'Espagne*, Paris, 1875, t. II, p. 20).

Hugo n'a pas admis ce dilemme; il a préféré donner une entorse à l'histoire, et, par substitution, créer une reine, qui, dans son drame, se nomme Doña Maria de Neubourg et qui est en réalité la Marie d'Orléans des *Mémoires de Mme d'Aulnoy*.

On conçoit bien, sans doute, que le poète n'ait pas voulu se priver d'un livre où il avait flairé de très friands morceaux et jusqu'à des vers tout faits; mais alors, pourquoi ne pas ramener l'action du drame au temps de la première femme de Charles II, ce qui eût tourné la difficulté? Est-ce à dire que pour assombrir la situation, pour la rendre plus tragique, il a préféré le moment où tout s'écroule et se décompose, royauté, gouvernement et société, le moment où les princes de l'Europe, rôdant comme des chacals autour du souverain moribond, prêtent l'oreille à ses hoquets et se partagent à l'avance les dépouilles du vaste empire? A notre avis, l'effet cherché n'eût pas été beaucoup moindre, si la scène s'était passée quelque quinze ou vingt ans plus tôt, car entre l'Espagne de 1680 et celle de 1699 la différence paraît peu appréciable. Sauf les compétitions des divers prétendants, — dont il n'est d'ailleurs pas parlé dans la pièce, — sauf les intrigues des ambassadeurs circonvenant les ministres et les soudoyant, parce qu'ils sentent que la mort frappe à la porte du palais et qu'il faut se presser si l'on veut avoir le testament en sa faveur; sauf cela, le milieu du règne ressemble beaucoup à la fin. Même corruption en haut, même misère en bas, même anarchie partout.

Hugo ne l'a pas entendu ainsi; il a maintenu la date de 1699 et a fait sa Marie de Neubourg de tous les traits qu'il avait soigneusement récoltés dans les *Mémoires de Mme d'Aulnoy* et qui s'appliquent à la fille de Henriette d'Angleterre. Tranchant la difficulté aux dépens de l'histoire, il est sorti de l'impasse par un compromis qui nous paraît être la plus grave faute de son drame. Que le public en général ne soit nullement sensible à cette substitution, qu'il l'ignore même, peu importe. Il suffit qu'elle existe et que de piètres lettrés puissent l'apercevoir en ouvrant l'un ou l'autre des livres que nous avons cités.

Et si encore la seconde reine avait eu un rôle assez effacé pour qu'il fût permis à un poète de lui prêter un caractère et des allures quelconques, sans encourir le reproche d'altérer la vérité et de travestir l'histoire! Mais on sait qui fut cette princesse et il ne faut pas dire avec Paul de Saint-Victor que sa

« pâle figure est restée obscure » et que le poète « avait le droit de la transformer, en la retirant de ses limbes[1] ». On sait très bien comment elle se comporta pendant ses dix années de règne, comment elle manœuvra pour conserver un empire absolu sur son mari et poursuivit son intérêt personnel à travers toutes les machinations de la diplomatie.

Hautaine, jalouse et violente, — si violente qu'en apprenant un jour la nouvelle du second partage de la monarchie espagnole, de rage, elle cassa tout dans sa chambre [2], — cette Neubourg, fort belle femme d'ailleurs et très instruite, s'empara du faible esprit de Charles II, màta ses bien rares velléités d'indépendance et d'autorité et, avec sa *camarilla* allemande, gouverna pour lui, autant du moins que ce pays en lambeaux pouvait être gouverné. « Esercita piutosto la figura di re che di regina », écrit un ambassadeur véni-

---

1. *Victor Hugo*, par Paul de Saint-Victor, Paris, 1885, p. 134.

2. « Le roi d'Espagne s'est mis dans une extraordinaire « colère, et la reine d'Espagne a tout cassé de rage dans « sa chambre » (Blécourt à Louis XIV, 3 juin 1700; dans Hippeau, *l. c.*, t. II, p. 224).

tien[1]. Après avoir combattu de toutes ses forces la politique française, elle s'y rallia au dernier moment, quand elle sut que le roi, influencé par Portocarrero, avait rédigé son testament en faveur du duc d'Anjou ; avec une souplesse remarquable, elle se retourna complètement et fit humblement sa soumission à Louis XIV. Même, elle ne désespéra pas de jouer un rôle prépondérant sous le nouveau régime ; elle crut un instant que ses charmes de femme de trente ans sauraient gagner le cœur de Philippe V.

« La reine d'Espagne vient toujours commander », écrit Blécourt au marquis de Torcy et à Louis XIV très peu de temps après la mort de Charles II, « elle s'est mise en tête qu'elle pourra plaire au nouveau roi et par là avoir toujours un parti. Dans cette vue, elle ne veut pas sortir du palais ou au moins de Madrid, de manière qu'il serait très nécessaire qu'elle ne demeurât pas à Madrid, car tant qu'elle y sera il y aura toujours de la brouillerie...

« La Reine s'opiniâtre à ne pas sortir de Madrid. Elle a toujours envie de commander et croit trouver les moyens d'y réussir. C'est pourquoi il serait nécessaire qu'elle sortît de cette ville avant que le nou-

---

1. A. Gædeke, *Die Politik OEsterreichs in der spanischen Erbfolgefrage*. Leipzig, 1877, t. I, p. 57 et suiv.; et Saint-Simon, *Mémoires*, éd. Chéruel, t. II, p. 173.

veau roi y arrivât, pour lui ôter et à ses adhérents les desseins qu'ils pourraient avoir [1] » :

Nous avons de cette Marie-Anne deux lettres, du 1ᵉʳ décembre 1700, à Louis XIV et à Philippe V, où elle se plaint amèrement, dans un jargon des plus baroques, de certains manquements des grands officiers du palais qui se croyaient déliés de tout devoir envers elle :

« J'implore donc l'équité et protection de Votre Majesté contre des êtres si éclatants et si intolérables, lui recommandant mon honneur, mon crédit et mon autorité publiquement outrés par mon grand maître d'hôtel et maîtresse d'hôtel, à l'exemple et suggestion desquels toutes les dames ont aussi osé se conspirer à quitter mon service... Je me promets de la haute prudence et royale honnêteté de Vos Majestés que, comme rois et cavaliers, ils me considéreront reine, dame et veuve abandonnée, remédiant et châtiant le grand scandale qui fait ici murmurer généralement et suspendre tout l'univers... Mon ressentiment de ce mépris est tel que je n'en saurais expliquer le point, ni mon honneur offensé oserait en faire le détail [2] ».

Et c'est à cette intrigante obstinée et dévorée

---

1. Blécourt au marquis de Torcy (25 novembre 1700), et à Louis XIV (30 décembre 1700); Hippeau, *l. c.*, t. II, p. 314 et 401.

2. Hippeau, *l. c.*, t. II, p. 327 et 329.

d'ambition que le poète a prétendu donner les traits de la gracieuse et enjouée Marie-Louise, « gentille fleur de lis », comme l'ont souvent nommée les Espagnols, assez peu sensibles en général à ces qualités aimables !

> Parid, bella flor de lis
> En afliccion tan extraña ;
> Si parís, parís á España,
> Si no parís, á París,

chantait-on à Madrid, à l'époque où l'on pouvait encore espérer qu'une heureuse grossesse sauverait la monarchie du démembrement et du partage[1]. C'est cette régente autoritaire, rancunière et passionnée qu'il a plu à Hugo de transformer en une Allemande sentimentale et tendre, dont le cœur se fond à la vue d'une touffe de *Vergiss-mein-nicht* posée sur un banc par un inconnu !

Nous reviendrons tout à l'heure sur d'autres particularités du rôle de la reine dans *Ruy Blas* ; mais il convient auparavant de décrire le second ouvrage utilisé par Hugo et d'en faire apprécier la valeur.

L'*Etat présent de l'Espagne* par l'abbé de Vayrac compte trois volumes in-12 d'impres-

---

[1]. Florez, *Memorias de las reynas catholicas*, Madrid, 1790, t. II, p. 982.

sion très compacte. Le premier renferme une géographie ancienne et moderne de l'Espagne ; le second, un résumé de l'histoire de Castille, suivi d'une description de la maison du roi, des charges du palais, de l'étiquette, etc. ; le troisième, la généalogie des maisons de la grandesse et une étude sur « la forme « du gouvernement politique, militaire, civil « et économique ». L'ouvrage fut rédigé pendant les premières années du xviii° siècle, et était « en état de voir le jour en 1710 ». Mais les variations de l'administration espagnole au début du règne de Philippe V, les changements apportés par les ministres du souverain et par les ambassadeurs de France, directeurs et protecteurs du nouveau régime, dans l'organisation des tribunaux, des conseils et des finances, obligèrent l'auteur à en « suspendre l'impression jusques en 1716 « qu'elle fut commencée ». Le livre ne parut qu'en 1718[1].

Si donc ce livre nous renseigne sur l'Espagne du premier roi Bourbon, — et certes l'abbé de Vayrac a mis le zèle le plus louable

---

1. *Etat présent de l'Espagne*, etc., par M. l'abbé de Vayrac. Paris, Cailleau, 1718, 3 vol. in-12. Autre édition : Amsterdam, 1719, 3 vol. in-12. C'est à l'édition d'Amsterdam que se rapportent nos citations.

à nous la faire connaître et comprendre[1], — en quoi pouvait-il être utile à Hugo, qui, lui, avait à nous peindre les dernières années de la domination autrichienne, la cour et le gouvernement de Charles II? Ne nous hâtons pas, toutefois, de reprendre le poète et de lui reprocher d'avoir, en consultant ce livre, confondu deux époques et deux régimes.

D'abord, ces époques et ces régimes ne diffèrent pas autant qu'on le pourrait croire. L'avènement du duc d'Anjou n'amena aucun bouleversement dans les institutions de la vieille Espagne ; la grande machine gouvernementale continua de fonctionner à peu près comme par le passé ; la rigide et pompeuse étiquette palatine, introduite par Charles-Quint et copiée sur les usages de la cour de Bourgogne, se conserva intacte pendant longtemps encore jusque dans ses plus minces détails. Çà et là, quelques ministres supprimèrent certains rouages pour en inventer

---

1. L'abbé de Vayrac a beaucoup écrit sur l'Espagne. On a de lui une *Histoire des révolutions d'Espagne* (Paris, 1724, 5 vol. in-12), une dissertation historique sur le titre de prince des Asturies, une relation des obsèques du roi D. Luis Ier (Paris, 1724) et deux grammaires : une grammaire espagnole en français et une grammaire française en espagnol (Paris, 1714).

d'autres, essayèrent des réformes pour revenir ensuite aux anciens errements, distribuèrent autrement les affaires entre les divers conseils, changèrent les noms de certains offices. Bref, il y eut, pendant tout le règne de Philippe V, bien des tâtonnements et des tiraillements, mais l'ensemble demeura immuable et rien de très essentiel ne fut sensiblement modifié. Et puis, rappelons-le, Hugo n'a eu recours qu'au troisième volume de l'*État présent de l'Espagne,* et de ce volume-là, surtout de l'un de ses chapitres qui traite des revenus du roi d'Espagne, l'auteur de *Ruy Blas* était incontestablement autorisé à se servir. En effet, l'abbé de Vayrac, dans cette partie de son ouvrage, suit pas à pas un livre bien connu de la fin du xviie siècle, le *Solo Madrid es córte* d'Alonso Nuñez de Castro, dont les données statistiques ou autres ne valent, strictement, que pour l'époque de Philippe IV et de Charles II. Hugo pouvait donc, sans le moindre scrupule, mettre à profit les informations recueillies par cet historiographe espagnol, contemporain des événements qui encadrent *Ruy Blas.*

Maintenant que nous voilà renseignés sur les deux principaux garants qui ont fourni à Hugo la matière historique de *Ruy Blas,* c'est le moment d'en venir aux détails de la pièce. Prenant un à un les personnages, les noms, les faits, nous chercherons à en éprouver la vérité et à suivre le poète dans les transformations qu'il a maintes fois fait subir à certaines choses d'Espagne, puisque lui-même nous y convie, en proclamant hautement sa conscience, en affichant de grandes prétentions à l'exactitude la plus rigoureuse.

Ruy Blas, comme nom, procède en droite ligne de *Gil Blas*: c'est bien évident. Et, à ce propos, on ne peut s'empêcher de noter à quel point le roman de Le Sage est à l'origine de tout ce qui s'écrit en France sur l'Espagne ; on dirait un réservoir inépuisable d'où s'écoule incessamment de quoi fertiliser cette province de notre littérature. La substitution de *Ruy* à *Gil* ne saurait être fortuite. *Ruy*, forme abrégée de *Rodrigo*, est le nom du Cid, et c'est intentionnellement, croyons-nous, que le poète a ainsi accouplé deux noms, l'un noble, l'autre roturier (*Blas* équivaut à notre *Blaise*) pour désigner le héros à deux faces de son drame. *Ruy* représente le pauvre rêveur aux idées grandes et généreuses, le ministre intègre qui châtie les détrousseurs de l'Espagne, l'amant qui venge l'honneur de sa reine outragée. *Blas*, c'est le laquais. Le personnage, au reste, n'étant pas historique, il fallait bien lui forger un nom quelconque : le tout était de ne pas violer trop ouvertement l'usage castillan du xviie siècle. Peut-être ne trouverait-on guère d'exemples, à cette époque, d'une telle association de *Ruy* et de *Blas*, d'autant mieux que *Ruy*, forme vieillie, ne s'employait alors que rarement à la place de *Rodrigo*. Peu importe. La combinaison, après tout, n'a rien d'insolite et elle plaît, parce qu'elle a un sens, parce qu'elle s'applique parfaitement à ce personnage hybride, à ce laquais grand d'Espagne et ministre. Ces deux monosyllabes, en outre, sonnent bien à notre oreille, ils font bon effet sur l'affiche, — toujours le souvenir de *Gil Blas!* — et, puisque Victor Hugo entendait donner pour titre à sa pièce le nom du personnage principal[1], il convenait que ce nom fût court, facile à prononcer et en quelque sorte familier au grand public.

Le rôle de Ruy Blas, avons-nous dit, n'a rien d'historique. Nul laquais sous Charles II n'eut jamais une telle fortune et de si haut ne retomba si bas. On découvrirait, il est vrai, sans

---

1. Hugo hésita d'abord. L'édition définitive nous apprend que le manuscrit de *Ruy Blas* porte, à la première page, ces deux variantes du titre : *La reine s'ennuie* et *La vengeance de Don Salluste.*

peine, dans l'histoire d'Espagne, quelques figures assez semblables à Ruy Blas : pauvres hères ou aventuriers douteux que le caprice d'un roi ou d'une reine tira du néant pour les placer jusque sur les marches du trône. Nous ne parlons pas, bien entendu, des deux premiers *privados*, Lerma et Olivares, qui étaient tous deux de très bonne maison ; mais, par exemple, d'un Fernando de Valenzuela, d'un Godoy et d'autres de fort médiocre naissance, même de basse extraction.

Il est souvent question, dans les *Mémoires de la cour d'Espagne*, du joli cavalier Fernando de Valenzuela, ancien page d'un duc de l'Infantado, qui sut gagner les faveurs de Marie-Anne d'Autriche, reine régente après la mort de son mari Philippe IV, et, par elle, régna quelque temps sur l'Espagne, jusqu'au jour où une cabale de mécontents le précipita brusquement du pouvoir et le déporta aux Philippines. Valenzuela, petit gentillâtre de Ronda, nourri dans la domesticité d'un duc, puis, tout à coup, amant de la reine, marquis, grand d'Espagne, premier ministre ; voilà qui nous rapproche singulièrement de Ruy Blas[1]. Seulement, Ruy Blas a quelque

---

1. Sur Fernando de Valenzuela, il faut lire les pièces

chose qui manque à Valenzuela et à tous les *validos* espagnols de l'histoire, quelque chose, il faut bien le dire, d'assez invraisemblable en telle occurrence : un grand cœur, de nobles aspirations. Valenzuela, lui, n'était qu'un *busque-fortune*, un vulgaire ambitieux, un amant très pratique et très entendu, qui, bien certainement, ne se serait point déchiré les mains pour porter à la reine des « fleurs bleues d'Allemagne » et qui n'a jamais songé un instant à régénérer sa patrie. On en peut être sûr.

La reine de *Ruy Blas*, la Doña Maria du poète, nous savons déjà qui elle est; nous savons de quelle façon, à la Marie-Anne de Neubourg de l'histoire, a été substituée la Marie-Louise d'Orléans des *Mémoires de M^{mo} d'Aulnoy*. Nous avons à montrer maintenant comment de ces mémoires sont sortis les épisodes les plus marquants du rôle de la reine, notamment les deux premières scènes du deuxième acte. Souvent Hugo n'a eu qu'à condenser et à transcrire en beaux vers la prose trop abondante et un peu négligée de la comtesse. Qu'on en juge par ces passages:

recueillies dans le tome LXVII de la *Coleccion de documentos inéditos para la historia de España.* (Madrid, 1877.)

« La jeune reine, en changeant de demeure, » — c'est-à-dire en venant habiter le palais — « n'avoit point changé cette vie solitaire et desagreable qu'elle menoit au Buen-Retiro, sous la garde de la duchesse de Terra-Nova. Elle la gouvernoit comme un enfant et elle continua de la traiter encore plus mal... J'eûs l'honneur de luy aller baiser les mains (à la reine)... Après avoir traversé des appartements, dont il est vray que l'on peut parler comme d'une fort belle chose, je la trouvay dans un cabinet peint et doré, remply de grandes glaces de miroirs attachées dans le lambry ; *elle étoit sur un carreau proche de la fenêtre, qui faisoit un ouvrage de lassis d'or mêlé de soye bleuë.* »

Et plus loin :

« Le lendemain, de tres-bonne heure, *le Roy fut à la chasse seul*, sans rien dire à la Reine. Cela l'inquiéta tout le jour, et elle en passa la plus grande partie appuyée contre les fenêtres de sa chambre, malgré la duchesse de Terra-Nova, qui l'en empêchoit d'ordinaire, luy disant : *Qu'il ne falloit pas qu'une reine d'Espagne regardât par les fenêtres* ».

Puis, l'histoire des perroquets, l'une des plus divertissantes qu'ait contées Mme d'Aulnoy :

« La Reine avoit deux perroquets, les plus jolis du monde ; elle les avoit apportez de France, et elle les aimoit beaucoup. La vieille duchesse de Terra-Nova crût faire une bonne œuvre de les tuer, parce qu'ils ne sçavoient parler que françois... Ce fut une grande affliction parmy les Françoises qui servoient la Reine ; dès qu'elle fut rentrée dans son appartement, elle commanda qu'on lui apportât ses perroquets et ses chiens... Toutes les femmes de la Reine, au lieu d'aller querir ce qu'elle demandoit, s'entre-regardoient et restoient immobiles, sans luy oser rien dire; mais enfin, apres un assez long silence, une d'entre elles lui rendit compte de l'execution que la camarera en avoit faite. Elle en eut beaucoup de chagrin, quoy qu'elle ne le témoignât point; mais lorsque la duchesse entra dans sa chambre, et que, selon sa coûtume, elle vint pour luy baiser la main, la Reine, sans luy dire une seule parolle, lui donna deux soufflets à tour de bras [1] ».

On peut penser si la duchesse, une Pignatelli, fut suffoquée. Elle convoqua toute sa parenté, s'accompagna de plus de quatre cents dames du palais, et, comme une Chimène, alla demander au roi justice de l'affront infligé à son sang. Marie-Louise se tira habilement d'affaire en attribuant ce mouvement d'humeur à un *antojo,* une envie de femme grosse. Quoiqu'il eût peut-être de bonnes raisons pour ne pas croire à l'*antojo,* Charles II parut très flatté et très joyeux, calma la mégère et

---

1. *Mémoires de Mme d'Aulnoy,* éd. de 1690, t. I, p. 318; t. II, p. 43 et 54; éd. de Mme B. Carey, p. 162, 212 et 217.

tout rentra dans l'ordre ou plutôt dans le morne ennui accoutumé.

Il n'est pas difficile de reconnaître ce que Hugo a pris dans ces récits. D'abord l'indication scénique du deuxième acte :

> Au lever du rideau, la reine Doña Maria de Neubourg est dans un coin, assise à côté de ses femmes... *Elle brode*... Dans le coin opposé est assise, sur une chaise à dossier, doña Juana de la Cueva, duchesse d'Albuquerque, camarera mayor, une tapisserie à la main ; vieille femme en noir.

Et ces plaintes de la reine délaissée :

> *Le roi chasse. Toujours absent.* Ah ! quel ennui !
> En six mois, j'ai passé douze jours près de lui.

Puis, l'allusion aux oiseaux exécutés par la camarera :

> *Mes oiseaux d'Allemagne*, il sont tous morts.
> Casilda fait le signe de tordre le cou à des oiseaux, en regardant de travers la camarera.

Enfin la fenêtre :

> LA DUCHESSE, aux duègnes.
>
> Ces femmes, dont le chant importune la reine,
> Qu'on les chasse !
>
> LA REINE, vivement.
>
>   Comment ! on les entend à peine.
> Pauvres femmes ! je veux qu'elles passent en paix,
> Madame.
> A Casilda, en lui montrant une croisée au fond.
>
>   Par ici le bois est moins épais,

14

Cette fenêtre-là donne sur la campagne ;
Viens, tâchons de les voir.

Elle se dirige vers la fenêtre avec Casilda.

LA DUCHESSE, se levant, avec une révérence.

Une reine d'Espagne
Ne doit pas regarder à la fenêtre.

De même l'incident de la lettre et le ravissant monologue de la deuxième scène procèdent encore du livre de la comtesse. Un jour, raconte Mme d'Aulnoy, la reine avait servi à dîner au palais à neuf pauvres, car tel était le cérémonial de la fête de l'Annonciation. Rentrée dans ses appartements, elle ne fut pas peu étonnée de trouver dans la poche de sa robe un billet cacheté portant cette adresse : *Pour la reine seule.* Elle ouvrit, après quelque hésitation, ce billet, et voici ce qu'elle y lut :

« *L'elevation suprême de Votre Majesté, et l'éloignement qui est entre nous, n'a pû arracher de mon cœur la passion que vos admirables qualitez y ont fait naître. Je vous adore, ma Reyne, je meurs en vous adorant ; et j'ose dire que je ne suis pas indigne de vous adorer. Je vous voy, je soûpire auprés de vous ; vous n'entendez point mes soupirs, vous ne connoissez point mes secrettes langueurs, vous ne tournez pas même vos beaux yeux sur moy. Ah ! Madame, que l'on est malheureux d'estre nay sujet, quand on se sent les inclinations du plus grand Roy du monde.* »

« La Reyne, continue Mme d'Aulnoy, demeura surprise et rêveuse ; elle ne comprenoit point qui pouvoit estre le temeraire assez hardi pour lui ecrire en ces termes, et elle ne pouvoit douter que ce billet n'eût été glissé dans sa poche par une de ces pauvres femmes qu'elle avoit servies. Mais il étoit bien extraordinaire qu'un homme, qui apparemment devoit être de grande qualité, confiât sa vie (car il n'y alloit pas de moins) entre les mains d'une malheureuse, etc.[1]. »

Cette déclaration, agréablement tournée d'ailleurs, a dicté au poète quelques très beaux vers. Dans Hugo, la lettre est un chant, chant d'amour délicieux et dont, à notre avis, une méthaphore hardie, fort critiquée jadis par certains puristes, n'altère en rien le charme ineffable :

« Madame, sous vos pieds, dans l'ombre, un homme est là
« Qui vous aime, perdu dans la nuit qui le voile ;
« Qui souffre, ver de terre amoureux d'une étoile ;
« Qui pour vous donnera son âme, s'il le faut,
« Et qui se meurt en bas quand vous brillez en haut. »

Comme il était à prévoir, l'incident de la lettre ne figure nulle part dans les *Mémoires originaux* ; c'est Mme d'Aulnoy, l'inventive comtesse, qui a trouvé tout cela et composé de toutes pièces la brûlante épître de l'adorateur inconnu. Les fervents admirateurs de

1. *Mémoires de Mme d'Aulnoy*, éd. de 1690, t. II, p. 5 ; éd. de Mme B. Carey, p. 194.

Ruy Blas n'ont pas à s'en plaindre, car, à vrai dire, presque tout le drame de Hugo relève de ce passage; de la missive de Mme d'Aulnoy dérivent la situation, qui est le nœud de la pièce, et — pour parler à l'espagnole — les rôles entiers de la *dama joven* et du *galan primero*.

Quoiqu'il ne soit même pas cité dans la liste des personnages, CHARLES II joue son rôle dans le drame, seulement il le joue dans la coulisse. Ce roi toujours absent, qui chasse à l'Escurial, pendant que Doña Maria, gardée à vue par la camarera, se morfond à l'attendre, produit un grand effet. Heureuse idée que de laisser dans l'ombre ce fantôme de roi, dont la nullité ressort ainsi plus fortement que si le poète l'avait fait intervenir dans l'action! Hugo a donné là une preuve de tact et de goût dont il faut lui savoir gré. Il a tenu à se distinguer ici des Latouche, des Mortonval et des Régnier-Destourbet, qui avaient fort abusé du malheureux monarque, en le présentant, alternativement, sous un jour si ridicule ou si odieux que le public, même le plus grossier, avait fini par se lasser de cette répugnante caricature. Le roi de *Ruy Blas,* avec son billet d'une ligne, en dit plus long que les discours imbéciles ou les gestes de démoniaque du Charles II des romans ou du salon de 1835.

Dieu sait si l'on a ri de ce billet ! Des gens graves prirent même la peine de s'en indigner, entre autres le critique ordinaire de la *Revue des deux mondes*, qui, fort de son omniscience, crut devoir dénoncer la haute inconvenance et l'absurdité de la missive attribuée au roi d'Espagne :

« La reine reçoit une lettre de Charles II. Que contient cette lettre ? Une ligne qui résume en douze syllabes tout ce que l'imagination peut rêver de plus ridicule et de plus niais : « Madame, il fait grand vent, et j'ai tué six loups. » Quelle que soit la sévérité du jugement porté par les historiens sur Charles II, il est absurde de lui prêter une pareille lettre [1] ».

Hugo s'est plus tard vengé de son censeur en l'injuriant assez lourdement. Il suffisait de le renvoyer à l'éternelle Mme d'Aulnoy, la vraie coupable, qui seule a livré au poète la teneur du fameux billet, et mieux encore : à une syllabe près, un alexandrin fort bien construit. Le moyen de n'en pas profiter ! Cette lettre, au surplus, qui a causé un si gros scandale, est, précisément, une des rares

---

1. Gustave Planche, *Revue des Deux-Mondes* du 15 novembre 1838.

données historiques de la pièce dont l'authenticité paraisse, sinon certaine, au moins probable. Ici, par extraordinaire, Mme d'Aulnoy n'a presque rien mis de son invention ; les *Mémoires originaux* ont fourni l'essentiel. Nous y lisons ceci :

« Le Roy se contenta d'aller seul à l'Escurial, durant trois jours, pour une chasse du loup, sans autre suite que le premier ministre et un secrétaire d'Etat, le premier écuyer, un gentilhomme de la chambre et un majordome ; les moines de l'Escurial le nourrirent. Le second jour qu'il y fut, la Reine lui écrivit et lui envoya un assez beau diamant. Il répondit à cette galanterie par un petit coffre d'or avec un chapelet de calambouy *(sic)*, garni de petits diamans, accompagné d'un billet, *par lequel il lui mandoit qu'il faisoit grand vent et qu'il avoit tué six loups*[1] ».

On conviendra qu'il n'y a rien là de ridicule ni de niais. Le roi se rend à l'Escurial, chasse, tue six loups et en fait part à sa femme. Comment était rédigé ce bulletin ? Nous serions fort empêché de le dire. Mais Mme d'Aulnoy le sait. Selon sa coutume habituelle, elle a dramatisé le récit un peu terne des mémoires qui lui étaient tombés sous la main, et cela grâce à un artifice bien simple. Comme on dit au collège, elle a mis au discours direct. Voici sa copie :

1. *Mémoires de la cour d'Espagne*, Paris, 1733, p. 159.

« Le Roy... fut passer quatre jours à l'Escurial. Il ne voulut être accompagné que du duc de Medina-Celi, du premier ecuyer, d'un secretaire d'Etat, d'un gentilhomme de la chambre et d'un majordome. Le lendemain qu'il fut arrivé, la Reine luy écrivit une lettre fort tendre et lui envoya une bague de diamans. Il luy envoya à son tour un chapelet de bois de calambour, garny de diamans, dans un petit coffre de filagrame d'or, où il avoit mis un billet qui contenoit ces mots : *Madame, il fait grand vent; j'ai tué six loups*[1] ».

Et maintenant, que vient-on reprocher à Hugo ? D'avoir inutilement ridiculisé le roi d'Espagne ? Mais la lettre n'est un peu étrange que dans la forme laconique que lui a prêtée Mme d'Aulnoy. Et même, qui sait ? Charles II n'écrivait peut-être pas autrement à celle qu'il appelait *mi reina*. Tout bien pesé donc, le poète n'a à sa charge que d'avoir emprunté un vers à une femme du xviie siècle ; et quant à Gustave Planche, « nain horrible », — c'est l'aimable épithète que lui décocha Hugo[2] — il a cette fois joué de malheur, en menant un fort grand bruit pour une très petite chose.

Les Bazan : Don Salluste et Don César.

---

1. *Mémoires de Mme d'Aulnoy*, éd. de 1690, t. II, p. 60; éd. de Mme Carey, p. 220.
2. *Les quatre vents de l'esprit. Le livre satirique*, pièce XXVII.

Pourquoi cette famille plutôt qu'une autre, pourquoi Bazan plutôt que Mendoza ou Guzman? Il est facile de se l'expliquer. Pour se fournir de noms de grands d'Espagne dont il avait besoin, Hugo s'est mis à feuilleter ce livre de Nuñez de Castro, *Solo Madrid es córte*, auquel le renvoyait l'abbé de Vayrac. En le parcourant, ses yeux se sont portés d'abord sur une page de la liste des grands où défilent les marquis : au hasard, il en choisit trois dont les noms se suivent immédiatement chez l'historiographe madrilègne :

« Marques del Basto. Su apellido Avalos. Sus estados en Napoles.

Marques de Priego. Su apellido Cordova y Aguilar. Sus estados en Andalucia.

Marques de Santa Cruz. Su appellido Bazan. Sus estados en Castilla [1]. »

Des deux premières maisons, il a tiré des *utilités* que nous retrouverons plus loin ; à la dernière, il a pris son traître et son bouffon, Don Salluste de Bazan et Don César de Bazan.

La généalogie des Bazan dressée par le

---

1. Alonso Nuñez de Castro, *Libro historico politico : Solo Madrid es corte y el cortesano en Madrid*, 3ᵉ édition. Madrid, 1675, p. 212.

poète, les noms et les titres dont il décore les deux membres de cette famille qui sont mêlés à l'action du drame, tout cela est de pure fantaisie, ou plutôt tout cela constitue un très singulier amalgame de vrai et de faux, où le faux domine :

> Les Bazan, sont, je crois, d'assez francs gentilshommes.
> Nous avons pour ancêtre Iniguez d'Iviza.
> Son petit-fils, Pedro de Bazan, épousa
> Marianne de Gor. Il eut de Marianne
> Jean, qui fut général de la mer océane
> Sous le roi don Philippe, et Jean eut deux garçons,
> Qui sur notre arbre antique ont greffé deux blasons.
> Moi, je suis le marquis de Finlas ; vous, le comte
> De Garofa.[1]

Presque autant d'erreurs que de mots, mais toutes les erreurs ne sont pas imputables à Hugo : l'abbé de Vayrac, qui est ici l'auteur responsable, en a sa part.

On fait remonter, en effet, l'origine des Bazan à un Fortun Iñiguez du XIe siècle. Passe donc pour l'*Iniguez* — il n'en aurait pas coûté plus d'écrire correctement *Iñiguez*[2] — ; quant à *Iviza*, nom d'une île, qui n'a rien de commun avec l'ancêtre présumé des Bazan, c'est

---

1. Acte Ier, scène 5.
2. En revanche, le nom de *Leganés* est écrit *Legañez* à l'acte III, scène 2.

une simple cheville. Continuons. Pedro de Bazan vivait vers 1450 : il n'a pas pu être, en conséquence, petit-fils d'Iñiguez, en admettant que ledit Iñiguez ait existé ; et pour Marianne de Gor, femme prétendue de Pedro, c'est une invention du poète. Jean ne fut point général de la mer océane, ce titre n'ayant été conféré qu'à Alvaro de Bazan, premier marquis de Santacruz, arrière-petit-fils de Pedro. Enfin, les titres de *marquis de Finlas* et de *comte de Garofa* n'ont jamais été portés par un Bazan ni par aucun autre Espagnol, par la raison excellente que ces deux noms sont des coquilles de l'*Etat présent de l'Espagne*. L'abbé de Vayrac, parlant du grand Alvaro de Bazan, premier marquis de Santacruz, rapporte, en effet, qu'« il étoit fils de Don Alvare de Bazan, seigneur de *Finlas* et de *Garofa*[1] ». Mais *Finlas* et *Garofa* sont ici, par erreur de lecture et de transcription, pour *Fonelas* et *Gorafe*, seigneuries (non pas marquisat ni comté) du royaume de Grenade qui appartenaient aux Bazan de la branche de Santacruz. Ce n'est pas tout. Hugo a trouvé moyen d'accumuler d'autres erreurs encore à propos de ces Bazan. Ce Don Salluste, prétendu marquis de Finlas, il le

---

1. *Etat présent de l'Espagne*, t. III, p. 154.

nomme « chef de la maison de Bazan » (acte Ier, scène 1), alors que ce chef était le marquis de Santacruz ; il place *Finlas* en Castille, quand *Fonelas* est en Andalousie, et met *Garofa* près de *Velalcazar*, ville de la province de Cordoue, quand *Gorafe* fait partie de celle de Grenade. Pour tout couronner, il donne au pseudo marquis et au pseudo comte des prénoms, Don Salluste et Don César, qui ne sont ni l'un ni l'autre espagnols.

Don Guritan, nom du père noble, l'est encore moins. Est-ce même un nom de baptême possible dans une langue moderne quelconque ? Humblement, nous avouons ne pas savoir où l'auteur de *Ruy Blas* a été dénicher ce prénom bizarre et qui rappelle un peu Buridan. Mais le vieux beau, amoureux platonique de sa reine, n'a pas que ce nom-là. Il s'appelle (acte II, scène 4) :

> Don Gaspar Guritan Tassis y Guevarra *(sic)*,
> Comte d'Oñate ;

il est majordome de Dª Maria (acte Ier, scène 3), et fait pendant à la duègne, c'est-à-dire à la camarera mayor, duchesse d'Albuquerque. L'histoire, ou, ce qui revient au même ici, l'abbé de Vayrac parle d'un « Diego Gaspar Velez « de Güevarra *(sic)* et Tassis, onzième comte

« d'Oñate et de Villamediana, marquis de
« Guevarra et de Camporeal, chevalier de
« l'ordre de Calatrava », qui vivait à la fin du
xvii° siècle, mais qui ne remplit point auprès
de Marie de Neubourg les fonctions de majordome[1]. Hugo a interverti les *apellidos* de
ce comte d'Oñate et sacrifié Diego et Velez
au nom étrange de Guritan.

En ce qui concerne les personnages secondaires, nous avons vu déjà que les MARQUIS DEL
BASTO et DE PRIEGO viennent de la liste de *Solo
Madrid es córte*, où ces deux titres sont inscrits à la suite l'un de l'autre. Le MARQUIS DE
SANTA-CRUZ procède de la notice consacrée à
ce marquisat par l'abbé de Vayrac ; le COMTE
DE CAMPOREAL, chevalier de Calatrava, répond
au « *marquis* de Guevarra et de *Camporeal* » de
la notice Oñate du même ouvrage, et enfin le
COMTE D'ALBE a été pris au hasard, soit dans
de Vayrac, soit dans Nuñez de Castro, mais
plus probablement dans le premier.

A côté de ces grands et de ces titrés, quelques gens de robe, magistrats et secrétaires.
DON MANUEL ARIAS, qui fut non pas « président de Castille », mais, ce qui est différent,
gouverneur du Conseil de Castille, à deux

---

1. *Etat présent de l'Espagne*, t. III, p. 138.

reprises, du 17 décembre 1692 au 27 janvier 1696 et du 19 mai 1699 au 14 novembre 1703 [1].

Don Antonio Ubilla, personnage historique aussi, qui joua un rôle fort important à la fin du xvii⁰ siècle et pendant les premières années du règne de Philippe V. En 1699, il était, non pas « écrivain mayor des rentes », comme le dit Hugo, mais secrétaire du *despacho universal*, c'est-à-dire ministre d'Etat.

Montazgo, « conseiller de robe de la chambre des Indes », et Covadenga, « secrétaire suprême des îles ». Deux noms inventés ; le premier a une origine divertissante. En castillan *montazgo* signifie le droit que payaient jadis les troupeaux pour passer d'un territoire sur un autre : il en est question dans la liste des revenus d'Espagne dressée, d'après Nuñez de Castro, par l'abbé de Vayrac [2]. Hugo s'est emparé du mot, qui lui avait paru sans doute très espagnol, et en a décoré ce conseiller de robe de la chambre des Indes. C'est à peu près comme si, en français, on appelait quelqu'un Pâturage ou Passage.

---

1. Antonio Martinez Salazar, *Coleccion de memorias y noticias del gobierno general y politico del Consejo*, Madrid, 1764, p. 59 et 60.
2. *Etat présent de l'Espagne*, t. III, p. 287.

Covadenga nous paraît être une déformation intentionnelle ou involontaire de *Covadonga,* la grotte fameuse des Asturies, où se réfugia et vécut avec ses compagnons Don Pelayo, le fondateur légendaire de la monarchie espagnole ; car *Covadenga* n'existe pas, au moins comme nom de lieu.

Gudiel, confident de Don Salluste, porte le nom d'une famille noble de Tolède.

Reste encore un personnage historique, la duchesse d'Albuquerque, camarera mayor de Marie-Louise d'Orléans et de Marie-Anne de Neubourg, qui, au mois d'août 1680, remplaça dans cette importante charge la duchesse de Terranova dont le caractère despotique et emporté, les tracasseries incessantes, comme on l'a vu plus haut, avaient fini par excéder la douce Marie-Louise. Ce fut une affaire d'état que d'obtenir le renvoi de cette Terranova, qui, par sa naissance et ses relations de famille, se croyait nommée à vie et protégée contre toute disgrâce. Il fallut à Marie-Louise beaucoup de diplomatie et tout l'ascendant qu'elle exerçait sur le roi son mari pour se débarrasser de cette gardienne autoritaire, violente et soupçonneuse. Rien n'est curieux comme de lire dans Mme d'Aulnoy de quel air cette matrone offensée accepta son congé et avec quelle hauteur elle se sépara de sa souveraine :

« La duchesse, qui ne s'etoit point couchée et qui avoit passé toute la nuit à se promener dans sa chambre avec les duchesses de Monteleon et d'Hijar, ses deux filles, n'attendit pas que la Reyne fût levée pour aller prendre congé d'elle ; son visage étoit plus pâle qu'à l'ordinaire et ses yeux plus étincelans ; elle s'approcha de la Reine et luy dit, sans pleurer et sans témoigner le moindre chagrin, qu'elle étoit fâchée de ne l'avoir pas aussi bien servie qu'elle l'auroit souhaité. La Reine, dont la bonté étoit extrême, ne put s'empêcher de paroître touchée et de s'attendrir ; et comme elle luy disoit quelques paroles obligeantes pour la consoler, elle l'interrompit pour luy dire d'un air plein de fierté qu'une reine d'Espagne ne devoit pas pleurer pour si peu de chose ; que la camarera qui alloit entrer à sa place s'acquitteroit mieux de son devoir ; et, sans parler davantage, elle prit la main de la Reyne qu'elle fit semblant de baiser, et se retira. Alors chacun sçût dans le palais qu'elle en alloit sortir ; toutes les dames se rendirent à son appartement, fondant en larmes par politique, par inclination ou par foiblesse. Elle ne leur parût point du tout affligée, et jettant les yeux de tous côtés, elle dit : « Je rends graces au ciel, voicy un lieu « où je n'entreray de ma vie ; je vais goûter du repos « et trouver de la tranquillité chez moy ; j'iray en « Sicile, où je n'auray jamais de si grands déplaisirs « qu'à Madrid. » En disant ces mots, elle frappa deux fois du poing sur une petite table qui étoit proche d'elle, et, prenant un fort bel éventail de la Chine, elle le rompit par la moitié, le jetta par terre et mit le pied dessus[1].

La nouvelle camarera, duchesse d'Albuquerque, sut accomplir ses ennuyeux devoirs avec plus d'aménité, et, sans renoncer à sa gravité d'Espagnole et de grande-maîtresse du palais, s'appliqua à ne pas faire montre de raideur et de morgue : « L'air du palais est « déjà tout autre et le roi aussi, écrit Mme de « Villars. Sa majesté a permis à la reine de « ne se coucher plus qu'à dix heures et demie, « et de monter à cheval quand elle voudra, « quoique cela soit entièrement contre l'u- « sage[2] ».

Instruite et cultivée, aimant à s'entourer de gens de lettres, cette duchesse d'Albuquerque rompait avec la traditionnelle ignorance et futilité des femmes de la grandesse. Si elle ne changea rien, officiellement, à l'étiquette méticuleuse du palais, au moins est-il permis de supposer qu'elle en atténua, avec son tact de femme supérieure, certaines exigences

---

1. *Mémoires de Mme d'Aulnoy*, éd. de 1690 ; t. II, p. 180 ; éd. de Mme Carey, p. 275.

2. *Lettres de Mme de Villars à Mme de Coulanges (1679-1681)*, éd. A. de Courtois, p. 142. La lettre citée dans le texte est datée du 5 septembre 1680.

particulièrement blessantes ou ridicules. C'est ce que laisse entendre Mme d'Aulnoy dans le portrait qu'elle nous retrace de la nouvelle camarera :

« Bien qu'elle passât pour avoir beaucoup de fierté et de hauteur, elle ne fit pas paroître qu'elle voulut prendre une conduite semblable à celle que la duchessse de Terra-Nova avait tenue ; au contraire, elle faisoit des honnêtetez et des caresses à tout le monde, et elle témoignoit avoir pour la jeune Reine le dernier attachement. Cette dame étoit veuve du duc d'Albuquerque, chef de la maison de la Cueva : elle avoit cinquante ans. Je luy ay toujours vu porter un petit bandeau de tafetas noir qui luy descendoit aussi bas que les sourcils, et qui lui serroit si fort le frond qu'elle en avoit les yeux enflez. Elle avoit de l'esprit et beaucoup de lecture. Certains jours de la semaine, elle tenoit chez elle des assemblées où tous les savants étoient bien reçus. Elle n'avoit qu'une fille unique qu'elle avoit mariée au cadet du feu duc d'Albuquerque, pour conserver le nom de la maison. Elle s'étoit attachée avec passion au parti de la Reyne mère, et l'on ne doutoit point qu'elle n'en usa très bien avec la jeune Reyne. On se confirma dans cette opinion, sur ce que le Roy, peu de tems après qu'elle fut entrée au palais, dit à la Reyne qu'il souhaitoit qu'elle se divertit plus qu'elle n'avoit fait ; qu'il falloit qu'elle se promenât, qu'elle montât à cheval, et qu'il vouloit bien qu'elle se couchât tard, pourvu qu'il pût, à son ordinaire, se coucher à huit heures ; il resolut même, quelques jours après, de ne se coucher qu'à dix. On conjectura, par cet agréable changement de conduite, que la duchesse d'Albuquerque avoit engagé la Reyne mère d'agir auprès du Roy, et que la sevérité que l'on avoit euë jusqu'alors pour la Reyne n'avoit été inspirée au Roy que par la duchesse de Terra-Nova [1]. »

Si, de la réalité nous passons au drame, que constatons-nous ? Qu'une fois encore, comme pour la reine, le poète a fait de la vérité historique à faux. Pour garder un nom, qu'il supposait exact, il a sacrifié la personne, le caractère ; car, aux allures qu'il lui prête, il est bien évident que sa camarera répond, non point à la duchesse d'Albuquerque, mais à celle de Terranova, telle que la dépeignent les *Mémoires de M*[me] *d'Aulnoy*. Néanmoins, Hugo a préféré Albuquerque, persuadé qu'il se mettait ainsi en règle avec l'histoire, ou plutôt avec les apparences de l'histoire. C'est qu'en effet il avait lu dans l'abbé de Vayrac [2], peut-être aussi dans Saint-Simon [3], que la duchesse d'Albuquerque « *fut continuée auprès de la reine Marie-Anne de Neubourg* ». Il ne lui en fallait pas davantage. Donc, s'est-il dit, la duchesse en question devait être camarera au

---

1. *Mémoires de M*[me] *d'Aulnoy*, éd. de 1690, t. II, p. 184 ; éd. de Mme Carey, p. 277.
2. *Etat présent de l'Espagne*, t. III, p. 19.
3. Comp. *Mémoires*, éd. Chéruel, t. XVIII, p. 7.

moment où je place mon drame, en 1699. Malheureusement, non. En 1699, la duchesse d'Albuquerque avait cessé depuis plusieurs années de remplir les fonctions de camarera[1]. Sans doute, il n'était pas tenu de le savoir, — et nous ne le savons nous-même que par hasard, — mais que signifient alors ces affectations d'exactitude scrupuleuse qui en fin de compte n'aboutissent à rien ; à quoi bon substituer un nom à un autre nom, Albuquerque à Terranova, quand ni l'un ni l'autre ne conviennent et que les moyens d'être exactement renseigné font défaut ?

Avant de terminer avec les personnes, présentons encore une dernière observation sur le propriétaire d'un des asiles de nuit les plus habituellement fréquentés par Don César :

> Le soir, le front sur un pavé,
> Devant l'ancien palais des *comtes de Tevé*,
> — C'est là, depuis neuf ans, que la nuit je m'arrête, —
> Je vais dormir avec le ciel bleu sur ma tête[2].

---

[1]. « Mi Señora la Duquesa de Frias queda elegida por camarera mayor de la Reyna Nra Sra », écrit, à la date du 25 octobre 1696, l'almirante de Castille, D. Juan Tomás Enriquez de Cabrera, au prince de Vaudémont (Bibl. nat., Collection de Lorraine, vol. 816, fol. 149 v°).

[2]. Acte Ier, scène 2.

Tevé a beau donner une rime très sortable, le mot n'en existe pas plus, pour cela, dans la nomenclature territoriale espagnole. Et il ne sert de rien de nous enseigner que « dans « les noms espagnols et italiens, les *e* doivent « se prononcer *é* », et que *Teve, Camporeal, Oñate*, doivent se dire « *Tevé, Camporéal, Oñaté* ». Eh! non. Quand on cherche des vocables sonores dans l'utile abbé de Vayrac, qu'on y lit, à l'article Santa Cruz: « Doña Anne « de Guzman, de la maison des *comtes de* « *Teve*[1] », et qu'on a tant soit peu la notion des choses d'Espagne, on pourrait bien se rappeler qu'il s'agit là du titre porté jadis par l'impératrice Eugénie, que ce *Teve* est pour *Teba*, que la forme francisée en serait *Tèbe* ou *Tève*, jamais *Tevé*, et que, par suite, ce noble nom se refusera toujours à se laisser accoupler avec *pavé*.

Et maintenant, comment Hugo a-t-il traité la vie privée et publique, les affaires du gouvernement et de l'administration de l'Espagne? Ici non plus nous ne sortons pas du tome III de l'abbé de Vayrac et de *Solo Madrid es córte;* encore ce dernier ouvrage n'a-t-il fourni qu'un calcul de statistique, la dépense de

---

[1]. *Etat présent de l'Espagne*, t. III, p. 154.

la maison de la reine, qui ne se trouve pas ailleurs : tout le reste dérive en droite ligne de l'*Etat présent de l'Espagne*. Commençons par cette évaluation à laquelle Hugo tenait tout particulièrement :

> La maison de la reine, ordinaire et civile,
> Coûte par an *six cent soixante-quatre mille*
> *Soixante-six ducats !* — c'est un pactole obscur
> Où, certe, on doit jeter le filet à coup sûr [1].

Il tenait tant au chiffre encadré dans ces vers qu'il n'hésita pas à en proclamer solennellement l'exactitude absolue :

« Quand le comte de Camporeal dit : *La maison de la reine, ordinaire et civile, coûte par an six cent soixante-quatre mille soixante-six ducats*, on peut consulter *Solo Madrid es córte*, on y trouvera cette somme pour le règne de Charles II, sans un maravédis de plus ou de moins ».

On peut, en effet, consulter toutes les éditions de *Solo Madrid es córte,* mais, dans toutes celles qui ont enregistré cette dépense, on trouvera, en chiffres d'abord, en toutes lettres ensuite, la somme de « *cinq* cent soixante-*quatorze* mille *huit cent* soixante-six ducats »,

---

1. Acte III, scène 1.

sans un maravédis de plus ou de moins[1].
A cette petite différence près, Hugo a raison.
Qu'importe, dira-t-on, et qui serait assez ridiculement pédant pour exiger d'un poète qu'il chiffre une telle dépense avec une précision de comptable? Ne voyez-vous pas qu'ici Hugo a voulu se moquer du critique ergoteur, de l'érudit tatillon?

Que la dépense de la reine d'Espagne ait été majorée ou non, dans *Ruy Blas,* de 89,200 ducats, — ce qui est pourtant un beau denier — peu importe, assurément; car qui pensera jamais à se servir de ce drame comme d'un répertoire d'économie politique ou de science financière? Hugo aurait pu mettre un chiffre quelconque, qu'on n'y verrait nul inconvénient et qu'on l'accepterait les yeux fermés. Mais, pédanterie à part, cet à-peu-près n'est-il pas choquant? et si ces vers avec le commentaire qui les accompagne sont une plaisanterie à l'adresse des érudits, nous avons beau faire, nous n'en sentons pas le sel. D'ailleurs, on entrevoit une autre explication, à notre avis préférable, de cette inexactitude.

---

1. *Solo Madrid es córte*, 3ᵉ édition, Madrid, 1675, p. 218. Ladite dépense, qui figure aussi dans la deuxième édition (1669) et dans la quatrième (1698), manque dans la première (1658).

Hugo n'aurait pas demandé mieux que de mettre dans son vers la somme juste; n'y ayant pas réussi du premier coup (*quatorze* et *huit cent* allongent singulièrement le vers), il se serait contenté d'une approximation, bien sûr que personne n'irait y voir. Les tours de force sont permis, mais à la condition expresse de ne pas les manquer.

Si on voulait l'éplucher, la grande scène du Conseil d'État, au troisième acte, provoquerait bien des critiques. Nous n'en pouvons pas noter ici toutes les impropriétés d'expression, toutes les erreurs de fait : il suffira de relever les plus graves et les plus gaies.

Voici d'abord un comte de Camporeal et un marquis de Priego qualifiés de « conseillers de cape et d'épée de la contaduria-mayor ». Mais la *contaduria mayor* était un des départements du Conseil des finances et l'emploi de conseiller de cape et d'épée y était tenu par de simples roturiers ou de fort chétifs gentilshommes. Jamais un comte de Camporeal, jamais surtout un marquis de Priego, grand d'Espagne, ne se seraient fourvoyés dans ce milieu-là. Hugo aurait-il été trompé par un passage de l'abbé de Vayrac, où il est dit de la contaduria mayor qu'elle était composée de

« quatre Contadors *Mayors*, pris de ceux du
« nombre, et d'un Fiscal, tous gens de Cape
« et d'Épée »[1]? Cette expression *cape et épée* a
tourné la tête de beaucoup de nos romantiques, qui y ont vu tout autre chose que ce
qu'elle signifie réellement. Le conseiller de
cape et d'épée, sous l'ancienne monarchie
espagnole, était celui qui portait l'habit du
gentilhomme, l'habit de ville, au lieu de la
robe du magistrat, parce qu'il n'était pas
juriste de profession ; aussi n'intervenait-il
pas dans les affaires judiciaires, mais simplement dans celles d'État ou, comme on disait,
de gouvernement (*negocios de gobierno*). Conseiller de cape et d'épée désigne donc un
civil, un laïque, par opposition au fonctionnaire de la carrière, nullement un homme de
qualité, encore moins un noble titré.

Qu'est-ce ensuite que la charge de « secrétaire suprême des îles » ou celle de « bailli
de l'Ebre » ? Mystère.

A la liste des revenus d'Espagne, que se
disputent si âprement les ministres intègres
et conseillers vertueux de D. Cárlos, au musc,
au quint du cent de l'or, à l'arsenic et autres
impôts indirects énumérés par de Vayrac,

---

1. *Etat présent de l'Espagne*, t. III, p. 249.

Hugo, pour arrondir ses périodes et pour la rime, a ajouté de son cru quelques rentes qui nous sont inconnues et dont nous ne répondons pas. Passe pour l'*indigo* et le *bois de rose*, qui riment commodément avec *Priego* et *chose* ; mais de la « caisse aux reliques », et surtout de

> L'amende des bourgeois qu'on punit du bâton,

qui a jamais entendu parler de cela ? Des bourgeois en Castille et, qui mieux est, des bourgeois bâtonnés ? Voilà bien du nouveau !

Les autres détails de vie publique épars dans la pièce, tout autant que les commentaires de la *Note* qui sont censés les expliquer, résistent mal à un examen quelque peu rigoureux.

> L'or est en souverains,
> Bons quadruples pesant sept gros trente-six grains,
> Ou bons doublons au marc. L'argent, en croix-maries [1].

Quoi qu'en dise Hugo, qui nous renvoie ici au « livre des monnaies publié sous Philippe IV, *en la imprenta real* », cette belle énumération est tout simplement la mise en vers des passages suivants de l'abbé de Vayrac :

---

[1]. Acte IV, scène 3.

« La quadruple pèse sept gros, 36 grains, poids
« de marc d'Espagne... La monnoye d'argent...
« qu'on appelle *Maria,* à cause que sur l'em-
« preinte il y a un chiffre qui marque le nom
« de *Marie,* avec une croix au dessus.[1] » Seulement l'abbé s'est, à juste titre, abstenu de parler de *souverains,* qui ne sont pas une monnaie espagnole, de même qu'il n'a pas employé non plus l'expression *croix-maries,* laquelle, à notre connaissance, ne fut jamais usitée en Espagne. Dans les livres spéciaux, il n'est question que de *Marías,* pièces d'argent qui avaient cours sous la monarchie autrichienne et qui portaient au revers le monogramme de la Vierge et la croix[2].

Sur la noblesse d'Espagne et ses diverses catégories, nous avons dans la *Note* une petite dissertation en forme, qu'on nous reprocherait sans doute de passer sous silence ici, tant elle semble instructive et de très saine doctrine :

« Pour en finir avec les observations minutieuses, notons encore en passant que Ruy Blas, au théâtre, dit (III⁰ acte) : Monsieur de Priego, *comme sujet du roi,* etc., et que dans le livre il dit : *comme noble du*

---

1. *Etat présent de l'Espagne,* t. III, p. 282 et 278.
2. A. Heiss, *Descripcion general de las monedas hispano-cristianas,* Madrid, 1865, t. I, pl. 42.

roi. Le livre donne l'expression juste. En Espagne, il y avait deux espèces de nobles, les *nobles du royaume,* c'est-à-dire tous les gentilshommes, et les *nobles du roi,* c'est-à-dire les grands d'Espagne. Or, M. de Priego est grand d'Espagne, et, par conséquent, noble du roi. Mais l'expression aurait pu paraître obscure à quelques spectateurs peu lettrés; et, comme au théâtre deux ou trois personnes qui ne comprennent pas se croient parfois le droit de troubler deux mille personnes qui comprennent, l'auteur a fait dire à Ruy Blas *sujet du roi* pour *noble du roi,* comme il avait déjà fait dire à Angelo Malipieri la *croix rouge* au lieu de la *croix de gueules.* Il en offre ici toutes ses excuses aux spectateurs intelligents. »

Au risque de mériter les épithètes les moins flatteuses, de passer pour inintelligent et peu lettré, nous devons déclarer que « sujet du roi », pour banale que soit l'expression, nous satisfait beaucoup mieux que « noble du roi », qui ne s'entend pas. Jamais rien de semblable ne s'est dit en Espagne, et jamais la distinction établie ici par Hugo entre nobles du royaume et nobles du roi n'a eu cours en ce pays. Cette belle théorie, énoncée en termes si précis et formels, s'effondre au reste dès qu'on en découvre l'origine : c'est encore et toujours de l'abbé de Vayrac mal compris et mal interprété. L'auteur de l'*Etat présent de l'Espagne* rapporte quelque part la

définition suivante de la grandesse espagnole :
« Les grands sont les sujets immédiats à la
« personne du Roi qui ont droit de se couvrir
« et de s'asseoir en son auguste présence[1]. »
De ce passage, dont il a forcé la signification,
Hugo a conclu à l'existence de deux classes
de noblesse, qui sont purement imaginaires.
En fait, s'il y avait lieu d'envisager plusieurs
classes de noblesse espagnole, il faudrait distinguer, non pas les nobles du royaume des
nobles du roi, mais les nobles non titrés des
nobles titrés ; et, parmi ces derniers, ceux
qui sont grands, par leur titre ou en vertu
d'une faveur spéciale du souverain, de ceux
qui ne possèdent pas la grandesse. La concession d'une grandesse héréditaire ou viagère ne modifiait nullement la qualité du
noble qui en était l'objet, et ne liait pas le
vassal à son roi par des attaches plus étroites
que n'eût fait la concession de quelque autre
titre nobiliaire. Seulement, quand on dit que
les grands touchaient de plus près à la personne du roi, on entend par là que certaines
de leurs prérogatives, et par exemple les
charges de cour qui leur étaient réservées,
les rapprochaient constamment du souverain

---

1. *Etat présent de l'Espagne*, t. III, p. 179.

dont ils formaient l'entourage immédiat, la clientèle ordinaire.

Il n'y a rien à reprendre au peu de blason espagnol décrit dans la pièce. Ici, l'abbé de Vayrac a été exactement copié, si exactement qu'une de ses phrases est devenue un beau vers héraldique par la simple omission des trois premiers mots : « La maison de

Sandoval porte d'or à la bande de sable »[1].

De même, sur le pourpoint du comte d'Albe sont très correctement brodés

Oui, les deux châteaux d'or...
                    Et puis, les deux chaudières.
Enriquez et Gusman,[2]

car le blason du comte d'Alba de Liste porte effet de gueules à deux châteaux d'or de Castille, qui est Enriquez, et d'azur à deux chaudières, qui est Guzman[3].

La topographie, au contraire, laisse fort à désirer ; c'est dans ce domaine que Victor Hugo a donné le plus libre cours à son imagination et le plus d'entorses à la vérité. N'in-

---

1. *Etat présent de l'Espagne*, t. III, p. 101, et *Ruy Blas*, acte III, scène 5.
2. Acte IV, scène 8.
3. *Etat présent de l'Espagne*, t. III, p. 15.

sistons pas sur l'*hôtel de Tormez*[1], cet hôtel, au nom de rivière, que, par un singulier hasard sans doute, les annalistes de Madrid ont oublié de nous décrire, — serait-ce chez le poète un souvenir de *Lazarille?* — et passons rapidement sur le *vin d'Oropesa*[2] dont la réputation nous semble fort mal établie en Espagne. Ce sont là, à vrai dire, péchés véniels que la rime riche excuse.

Qui en voudrait, ensuite, à Victor Hugo d'avoir fait allusion dans son drame à un souvenir d'enfance, d'avoir enchâssé dans un vers le nom d'une rue de Madrid, qui, avec d'autres détails de sa vie madrilègne, lui était toujours resté très présent à l'esprit?

— Elle va tous les soirs chez les sœurs du Rosaire,
Tu sais, en remontant la rue *Ortaleza*[3].

La rue Hortaleza, c'est celle que suivit le jeune Victor pour se rendre au collège des Nobles, où son père avait décidé qu'il continuerait ses études : « La voiture alla rue Or- « toleza (*sic*), longea de grands murs gris et

---

1. Acte III, scène 1.
2. Acte IV, scène 3.
3. Acte I·r, scène 3.

« s'arrêta devant une lourde porte fermée.
« C'était la porte du collège des nobles[1]. »
Quiconque, dans sa jeunesse, a été condamné à l'internat, ne saurait oublier les incidents, même les plus futiles, d'une dernière journée de liberté.

En revanche, ne doit-on pas se récrier un peu quand on entend D. César nous vanter le nectar de Jerez de los Caballeros?

> C'est une œuvre admirable
> De ce fameux poète appelé le soleil!
> Xérès-des-Chevaliers n'a rien de plus vermeil[2].

Nous craignons fort que ce Jerez là, situé en pleine Extremadure, ne produise beaucoup plus de glands, de porcs et de moutons que de vin généreux. Il eût fallu dire *Xérès de la Frontière*, le vrai Jerez d'Andalousie. Mais alors, que devient le vers?

Autre chicane, et celle-là d'autant plus justifiée, qu'il suffirait de la substitution, non pas même d'une syllabe, d'une seule lettre, pour faire disparaître du drame une bévue qui le ridiculise aux yeux des Espagnols.

---

1. *Victor Hugo raconté par un témoin de sa vie*, t. I, p. 161.
2. Acte IV, scène 2.

> Elle aime une fleur bleue
> D'Allemagne. Je fais chaque jour une lieue,
> Jusqu'à *Caramanchel,* pour avoir de ces fleurs[1].

Une lieue ? Mettons-en cent, si vraiment Ruy Blas avait fait le voyage, Caramanchel étant un hameau de la province d'Alicante. Il est plus probable, cependant, qu'il n'a été qu'à *Carabanchel,* au Carabanchel alto ou au Carabanchel bajo, ces bourgs de la banlieue de Madrid, aussi connus là-bas que Saint-Cloud et Pontoise le sont à Paris.

Et voyez ce que peut la parole magique d'un poète ! Théophile Gautier, se rendant à Tolède, passe tout auprès de Carabanchel, entend nommer l'endroit par les postillons de la diligence, le décrit même exactement : rien n'y fait. Carabanchel se transforme involontairement sous sa plume en *Caramanchel* ; le souvenir de *Ruy Blas* est plus fort que tout, l'imagination l'emporte sur la réalité :

« On sort de Madrid par la porte et le pont de Tolède, tout orné de pots à feu, de volutes, de statues, de chicorées d'un goût médiocre, et cependant d'un assez majestueux effet ; on laisse à droite le village de *Caramanchel,* où Ruy Blas allait chercher, pour Marie de Neubourg, *la petite fleur bleue d'Allemagne* (Ruy-Blas ne trouverait pas aujourd'hui le

---

1. Acte Ier, scène 3.

moindre *vergiss-mein-nicht* dans ce hameau de liège, bâti sur un sol de pierre ponce) ¹ »...

Oh! vertu divine de la poésie; oh! incomparable prestige du génie! Et maintenant que la faute est connue, ne pourrait-on pas demander au futur éditeur de *Ruy Blas,* au professeur qui dirigera l'édition savante qu'entreprendra sans doute quelque librairie classique, d'introduire une variante hardie dans le texte du drame, de remplacer Caramanchel par Carabanchel? Vraiment, ce serait chose déplorable que les Allemands, dont l'activité critique s'abattra un jour sur nos romantiques comme elle s'est abattue sur nos chansons de gestes et nos auteurs classiques, remportassent l'honneur et le profit de cette ingénieuse correction.

Il est grand temps de nous arrêter et de conclure. Est-il même bien nécessaire de conclure, puisque cette étude, comme le lecteur

---

1. *Tra los montes*, Paris, 1843, t. I, p. 244. — Nous n'ignorons pas que le peuple de Madrid aime à prononcer *Caramanchel* pour *Carabanchel*, et cela depuis le xviie siècle au moins (voir Tirso de Molina, *Don Gil de las calzas verdes*, acte Ier, sc. 2); mais cette forme vulgaire est inadmissible dans un drame sérieux. Que dirions-nous d'un poète étranger qui nous régalerait d'un *Montmertre?*

a pu s'en convaincre, tend, non pas à rabaisser ou à réhabiliter l'un des drames les plus célèbres de Victor Hugo, mais simplement à en expliquer les origines?

Peut-être l'a-t-on remarqué déjà. Sauf quelques fanatiques endurcis et impénitents, les contemporains de Hugo, ceux qui connaissent ou prétendent connaître les dessous de l'érudition du poète et content même à ce sujet d'assez plaisantes anecdotes, hochent la tête ou sourient dès qu'on leur parle de ce théâtre et qu'on en examine devant eux la valeur historique. Parmi les jeunes gens, au contraire, beaucoup sont enclins à prendre trop au sérieux et les notes et les préfaces, croient trop aux variantes et éclaircissements de « l'édition définitive ». Tout naturellement, le respect de la lettre moulée l'emportera de plus en plus sur la tradition orale peu favorable au poète; si l'on n'y prend garde, ce que Hugo a écrit passera bientôt, aux yeux de quelques-uns, pour parole d'Évangile. Ce serait aller trop loin. Non, il n'est pas exact de proclamer avec Paul de Saint-Victor que Hugo a « reconstruit, dans *Ruy Blas,* la sombre et fiévreuse Espagne du dix-septième siècle » et que son drame semble comme un « climat de l'histoire miraculeusement ranimé » : sans être un grand prophète, l'on peut prévoir que la critique de l'avenir rabattra quelque chose de ces dithyrambes. Mais de là à juger la pièce une pure mystification, chacun conviendra qu'il y a une certaine distance.

Donc il n'était pas hors de propos de montrer que *Ruy Blas,* entre autres drames de Victor Hugo, ne mérite, en somme, ni cet excès d'honneur ni cette indignité ; que le poète, selon son inspiration du moment et les impérieuses nécessités de la rime et de l'harmonie, a, tantôt respecté, tantôt travesti l'histoire ; que ses protestations d'exactitude ne soutiennent guère l'examen, assurément, et qu'il eût été plus digne de lui d'avouer, avec la noble franchise du vieux Corneille, ses nombreuses « falsifications »; — mais que, néanmoins, il serait injuste de condamner l'ensemble sans réserves, de traiter le tout d'invention fantastique et baroque.

Autre point à débattre. Hugo, en compilant comme il l'a fait les éléments de son drame, a-t-il trouvé le moyen « d'accroître la réalité
« de l'ensemble et de faire pénétrer jusque
« dans les coins les plus obscurs de l'œuvre
« cette vie générale et puissante au milieu de
« laquelle les personnages sont plus vrais
« et les catastrophes plus poignantes », ce

qu'il déclare lui même avoir été son objet essentiel ? En un mot, que doit-on penser de la vérité morale de *Ruy Blas ?*

Nous éviterons prudemment de répondre à cette question et d'apprécier ici ce drame en tant qu'œuvre dramatique ; nous nous en rapportons pour cela de bonne grâce aux esprits délicats et aux fins lettrés que n'alourdit pas la manie du document et de la recherche patiente. A eux de prononcer ; et si ces quelques notes contribuent seulement à donner un peu plus de solidité à leur jugement et les éclairent sur certains côtés du sujet qu'ils n'ont pas le loisir d'étudier, nous nous tiendrons pour fort satisfait et bien payé de notre modeste labeur.

TABLE DES MATIÈRES

Pages.

I. Comment la France a connu et compris l'Espagne, depuis le moyen âge jusqu'à nos jours.   1

II. Recherches sur Lazarille de Tórmes.   115

III. L'histoire dans Ruy Blas.   177

Chartres. — Imprimerie Durand.

www.ingramcontent.com/pod-product-compliance
Lightning Source LLC
Chambersburg PA
CBHW070654170426
43200CB00010B/2238